LES SECRETS DE...
L'ÉLYSÉE

92, avenue de France
75013 Paris
Tél. : 01 44 16 09 00
Fax : 01 44 16 09 01
www.plon.fr
www.lisez.com

Mise en pages : Graph'M
Dépôt légal : octobre 2022
ISBN : 978-2-259-31205-9

STÉPHANE BERN

LES SECRETS DE...
L'ÉLYSÉE

PLON
www.plon.fr

Sommaire

Au cœur du pouvoir

C'est l'une des adresses les plus connues et les plus convoitées de France. Si la rue du Faubourg-Saint-Honoré suscite fantasmes et envies, ce n'est pas seulement pour ses boutiques de luxe, ses somptueuses façades ornées de mascarons, ou pour sa proximité avec la plus belle avenue du monde. C'est avant tout pour un numéro en particulier, où certains rêvent de poser leurs valises. Au numéro 55 de cette rue, au cœur même de la capitale, est sis le palais de l'Élysée, où, dans l'écrin des dorures, tapisseries, marbres et parquets centenaires, se gouvernent les destinées de la nation. Résidence officielle de la présidence de la République depuis la loi de janvier 1879, ce palais qui semble si familier aux Français est riche pourtant de mille secrets à découvrir, car il est un résumé de trois siècles d'histoire traversés par les différents régimes politiques qui se sont succédé. Cet hôtel particulier parisien est construit entre 1718 et 1722 par l'architecte Armand-Claude Mollet pour le comte d'Évreux, dont il vaut mieux passer sous silence que sa colossale fortune lui venait de son beau-père, Antoine Croizat, armateur négrier. En 1753 la marquise de Pompadour, favorite en déclin du roi Louis XV, le rachète mais n'y réside qu'épisodiquement, passant le plus clair de son temps à Versailles – d'autant que des graffitis apparaissent bien vite sur les murs de la « maison de la putain du roi »… Elle léguera le palais au roi à sa mort, en 1764, qui en fait provisoirement le garde-meuble de la couronne. Après avoir appartenu au banquier Nicolas Beaujon, la résidence est achetée au roi Louis XVI par sa cousine Bathilde d'Orléans, duchesse de Bourbon et épouse du prince de Condé (elle est la mère du duc d'Enghien). Rebaptisée à la Révolution « citoyenne Vérité », la sœur de Philippe Égalité avait transformé le palais en haut lieu de chiromancie et de sciences occultes où le magnétiseur Mesmer avait ses entrées. Au lendemain de la Révolution – pendant laquelle le bâtiment devient le siège de la Commission de l'envoi des lois et de l'Imprimerie du bulletin des lois, ou encore du Dépôt national de meubles provenant des saisies d'émigrés ou de condamnés –, un couple de négociants flamands, les Hovyn, louent l'Élysée comme lieu de fêtes et de plaisirs… Sous l'Empire, le maréchal Joachim Murat et son épouse Caroline Bonaparte, sœur de Napoléon Ier, l'achètent et lui donnent des allures d'authentique palais. Mais dès 1808, lorsque le trône de Naples les appelle, l'Empereur s'y installe plus confortablement et agréablement qu'aux Tuileries. C'est là qu'au terme des Cent-Jours, il signe son acte d'abdication définitive dans le salon d'Argent. « Je m'offre en sacrifice à la haine des ennemis de la France. Ma vie politique est terminée et je proclame mon fils, sous le nom de Napoléon II, empereur des Français », écrit-il avant de quitter le palais par la coulisse – la grille située au fond des jardins et donnant sur les Champs-Élysées et qui deviendra plus tard la somptueuse grille du Coq, entrée « secrète » par laquelle pénètrent certains visiteurs du soir…

Le palais de l'Élysée est attribué par le roi Louis XVIII à son neveu le duc de Berry, à l'occasion de son mariage avec Marie-Caroline de Bourbon-Sicile. Quatre ans plus tard, le nouveau roi Louis-Philippe en prend possession et en fait jusqu'en

1848 la résidence des hôtes étrangers de la France en visite à Paris. Après la Révolution de 1848 qui le chasse du trône et l'instauration de la IIe République, le palais de l'Élysée devient la résidence du président de la République nouvellement élu, Louis-Napoléon Bonaparte, neveu de l'empereur Napoléon Ier. Ce palais déjà plus que centenaire, et qui avait donc besoin d'un petit rafraîchissement, est complètement rénové, pour donner l'agencement des pièces qu'on connaît aujourd'hui.

L'Élysée-Napoléon, devenu l'Élysée-National, est déserté au lendemain du coup d'État du 2 décembre 1852, lorsque l'empereur Napoléon III choisit de s'établir au palais des Tuileries.

À la chute du Second Empire, le premier président de la République à s'y installer est Patrice de Mac Mahon, en 1874. Mais ce n'est que par la loi du 22 janvier 1879 que l'Élysée devient officiellement la résidence des présidents de la République française, seulement déserté de 1940 à 1946. Simple résidence officielle sous les IIIe et IVe République, le palais devient le véritable centre névralgique du pouvoir présidentiel sous la Ve, avec l'arrivée au pouvoir du général de Gaulle… Mais ce dernier a failli ne jamais y poser ses valises. Il avait en effet un temps songé à s'installer au château de Vincennes. Il n'aimait pas l'Élysée, jugé « palais de la main gauche, palais à femmes », qu'il décrit ainsi dans ses Mémoires : « L'édifice comporte des salons fort beaux, garnis de meubles anciens, à peine suffisants pour les inévitables réceptions, mais n'offre que très peu de place aux services d'une présidence devenue très active. »

Tous ses locataires s'en plaignent désormais, mais par la force de ce que le Général appelait « de longues habitudes administratives et parisiennes », personne ne s'est jamais décidé à faire déménager la présidence. C'est parce que « le Château », comme on le surnomme de nos jours, est bien plus qu'un lieu où bat le cœur de la République. Ses pierres sont chargées d'histoire, et il sert de vitrine pour présenter aux illustres visiteurs étrangers les talents et les savoir-faire de nos meilleurs créateurs et artisans d'art. Comme Versailles au temps du Grand Siècle.

Résidence officielle du président de la République, le palais de l'Élysée est aussi devenu la maison commune des Français, qui attire chaque année des milliers de personnes pour les Journées européennes du patrimoine. Autant un symbole du pouvoir républicain qu'un lieu d'histoire.

À l'occasion du tricentenaire de l'Élysée, je vous propose de faire crisser sous nos pieds le légendaire gravier blanc de la cour d'honneur, et de franchir ensemble les portes de ce lieu chargé d'histoire. La grande histoire s'est écrite ici, la plus petite aussi avec ses intrigues, la gloire, la passion et parfois même la tragédie. L'Élysée a tout connu. Son histoire est la nôtre.

L'excellence à la française

Plein cœur de Paris, quartier Champs-Élysées / Faubourg-Saint-Honoré, palais de onze mille mètres carrés de surface habitable, avec cinéma privé et abri antiatomique, sur jardin clos arboré d'un hectare et demi… L'annonce immobilière aurait de quoi faire rêver, et l'on n'ose imaginer la mise à prix d'un tel trésor s'il devait se retrouver sur le marché. Heureusement, le palais de l'Élysée n'est pas à vendre ; il est aujourd'hui le bien commun des Français et ceux qui y logent n'y sont qu'à titre de locataires seulement, et avec l'humilité qu'exige un lieu si chargé d'histoire. Nos présidents sont en effet loin d'être les seuls à avoir habité la luxueuse demeure, dont l'existence est déjà longue d'un siècle et demi au moment où il devient un palais présidentiel à plein temps, au début de la IIIe République.

Son histoire, c'est notre histoire. Depuis trois cents ans, les plus grandes personnalités de notre pays s'y sont succédé : présidents de la République bien sûr, mais aussi artistes, chefs militaires, aristocrates, poètes, empereurs, mécènes, ministres… tout cela sans même compter les innombrables rois, reines étrangers ou même tsars qui l'ont fréquenté le temps d'un séjour officiel. Parmi eux,

◂ Un lieu chargé d'histoire.

quelques très grands noms : Philippe d'Orléans, régent du royaume ; Joachim Murat, le héros des guerres napoléoniennes ; Napoléon lui-même, qui vécut à l'Élysée l'une des dernières pages de son épopée ; Victor Hugo, hôte peu amène du futur Napoléon III ; Léon Gambetta, qui y dirige le Conseil des ministres en pleine guerre contre la Prusse ; ou encore le général de Gaulle… Et par-dessus tout peut-être, des femmes. Dès l'origine en effet, l'histoire de l'Élysée est placée sous le signe du beau sexe. Car si le commanditaire de la construction de l'hôtel d'Évreux fut un homme, c'est bel et bien grâce à la dot de Marie-Anne Crozat que le chantier a pu être financé, au tout début du règne de Louis XV, en 1720. Et c'est ensuite Madame de Pompadour qui donne ses lettres de noblesse au palais, dont elle fait l'une des demeures les plus élégantes de tout le royaume. Viennent ensuite Bathilde d'Orléans, la princesse révolutionnaire qui portait volontiers le bonnet phrygien, puis Caroline Bonaparte, la volcanique sœur de Napoléon, dont les disputes avec son mari Joachim Murat firent trembler les murs du palais ! Plus tard au XIXe siècle, la duchesse de Berry et l'impératrice Eugénie prendront le relais de cette magnifique galerie de portraits féminins. Enfin, depuis que la France est une république, combien de femmes de présidents ont offert leur énergie et leur âme au palais de l'Élysée ? Depuis la généreuse Germaine Coty jusqu'à la très élégante Carla Bruni, en passant par la discrète « tante Yvonne », chacune – avec son caractère propre, ses habitudes, ses combats – a représenté la France à sa façon, tout en contribuant non seulement au fonctionnement du palais présidentiel mais aussi à son embellissement.

Les femmes et les hommes qui l'ont habité ne se sont en effet pas contentés de s'installer dans les murs de l'Élysée. Ils ont aussi donné sa forme au palais, qui est aujourd'hui l'un des plus beaux domaines nationaux de l'État français. Et s'il semble immuable, l'Élysée n'a en réalité pas cessé d'évoluer durant les trois siècles de son existence.

Au commencement, il y eut l'hôtel particulier construit par le comte d'Évreux à la périphérie de Paris, presque à la campagne. Rapidement, la capitale s'est étendue tout autour du palais, au point de l'englober tout à fait. Et si l'aspect extérieur du palais n'a qu'assez peu changé depuis, l'intérieur a fait l'objet de chambardements incessants. À chaque époque ses décors, son mobilier, son organisation. À l'Élysée, une même pièce a pu changer dix fois de fonction ! Qui imaginerait aujourd'hui que certains bureaux de la présidence sont situés dans l'ancien cabinet de toilette de l'impératrice Eugénie ? Même les jardins ont connu des bouleversements : le jardin à la française des premiers temps a vite cédé la place à un jardin à l'anglaise, tandis que l'étang créé à la fin du XVIIIe siècle a depuis longtemps été asséché. Quant à Georges Pompidou et son épouse Claude, ils n'hésitèrent pas à introduire une bonne dose d'art contemporain au milieu des salons feutrés d'époque Louis XV…

L'Élysée est aussi un lieu où les périodes de l'histoire semblent s'entrechoquer dans un joyeux désordre. Chaque

Vue moderne d'une des façades de l'Élysée.

Cérémonie d'investiture d'Emmanuel Macron
dans la salle des fêtes.

pièce est une passerelle entre plusieurs époques. Comment imaginer que peu avant la Révolution, le sulfureux docteur Mesmer se livrait à des expériences de magnétisme dans les salons qui accueilleront plus tard le Conseil des ministres ou d'autres réunions au sommet ? Et comment penser que Félix Faure invitait ses maîtresses dans le salon d'Argent, à l'endroit même où Napoléon avait solennellement signé son abdication… Dans les murs du palais, tous les systèmes politiques ont été représentés, depuis la monarchie absolue de l'Ancien Régime jusqu'à notre République actuelle, en passant par l'Empire et la monarchie parlementaire. Les propriétaires les plus éclectiques s'y sont bousculés : l'égoïste comte d'Évreux, qui négligea sa femme à qui il devait sa fortune ; le généreux Nicolas Beaujon, grand mécène et fondateur de l'hôpital qui porte son nom aujourd'hui ; la fantasque Bathilde d'Orléans, passionnée par le spiritisme ! On y découvre tous les profils de présidents aussi, des sympathiques Gaston Doumergue ou René Coty à l'inaccessible François Mitterrand, en passant par le stoïque Émile Loubet, qui eut à souffrir tous les outrages au début de son mandat. Et si aujourd'hui l'Élysée est considéré comme un Graal par bien des hommes politiques que le pouvoir appelle, le palais a abrité aussi plusieurs « présidents malgré eux », qui ne souhaitaient nullement incarner la fonction et ont vécu leur mandat comme une peine de prison : le maréchal Mac Mahon et Raymond Poincaré furent de ceux-là. On se souvient aussi des présidents dont le septennat a été abrégé par la mort : Georges Pompidou, bien sûr, mais aussi Félix Faure et nos deux présidents assassinés, Sadi Carnot et Paul Doumer.

À l'Élysée, ce sont aussi la grande et la petite histoire qui s'entremêlent. Les hauts faits historiques, comme l'abdication de Napoléon en 1815 ou la signature du traité d'amitié franco-allemand en 1963, le disputent aux faits divers les plus cocasses, comme ce jour où Mme Poincaré tomba nez à nez dans les jardins avec… un chimpanzé ! Le palais fut le témoin d'événements heureux, comme le mariage de Gaston Doumergue quelques jours avant la fin de son mandat, autant que d'épisodes dramatiques, comme le suicide de François de Grossouvre dans les bureaux du palais. Et pour ce qui est des moments tragicomiques, la palme revient certainement à la mort de Félix Faure, dont la pénible agonie a été déclenchée… par un excès d'amour avec sa maîtresse ! L'Élysée recèle aussi bien des pages d'histoire ignorée : qui se souvient encore que le palais accueillit la jeunesse du petit Alfred de Musset ? Qu'un couple de bourgeois enrichis y organisait des bals, et qu'il divisa même le palais en appartements à louer ? Que le grand banquier Nicolas Beaujon tentait d'y trouver le sommeil bercé par de jolies femmes ? Ou encore que Brigitte Bardot y charma le général de Gaulle, en faisant une entrée fracassante en habit militaire ? Même les animaux ont leur place dans l'histoire du palais : les moutons de Madame de Pompadour, les canards de Jules Grévy, la chienne labrador de François Mitterrand… tous sont à l'origine d'anecdotes qui participent de la légende des lieux et apportent un peu de vie à la patine des siècles qui passent.

Au-delà de l'histoire, l'Élysée est aujourd'hui encore un lieu vivant, pleinement ancré dans la réalité contemporaine. Un centre de pouvoir bien sûr, où sont prises de grandes décisions pour l'avenir de notre pays, mais aussi la vitrine de l'excellence française aux yeux du monde. À ce titre, les réceptions officielles des chefs d'État étrangers sont toujours de grands moments de vie républicaine, des événements essentiels au prestige de notre pays sur la scène internationale. Et pour ne pas faillir à la réputation d'excellence de la France, l'Élysée peut compter sur les quelque huit cents membres du personnel qui, des gardes républicains aux cuisiniers, veillent quotidiennement au bon fonctionnement du palais et des institutions républicaines. Bien sûr, cette excellence a un coût : tout compris, l'Élysée réclame un budget de 100 millions d'euros à l'année… soit finalement à peine 1,50 euro par Français. Le prestige d'une nation vaut bien ça. D'ailleurs, tout cet argent est immédiatement réinjecté dans l'économie française, puisque tout le personnel salarié de l'Élysée est français, de même que les intervenants extérieurs et les produits culinaires ou le matériel nécessaire au bon fonctionnement de l'institution.

Hier comme aujourd'hui, aujourd'hui comme demain, c'est donc bien notre histoire qui s'écrit à l'intérieur des murs de l'Élysée. Et qui sait si, dans un futur proche, le palais n'abritera pas une présidente de la République ? Ce serait bien le moindre retour des choses que pourrait accorder l'histoire à un lieu placé depuis toujours sous le signe des femmes.

Charles et Yvonne de Gaulle arrivant au palais de l'Élysée
pour le Conseil des ministres du 30 mai 1968.

22

Un hôtel entre cour et jardin

On le sait, bien des rouages de notre République sont hérités de la monarchie. Et comme un symbole, le palais de l'Élysée lui-même trouve bel et bien ses origines sous l'Ancien Régime, et plus précisément dans une boutade apparemment anodine, lancée par le régent Philippe d'Orléans. Pour le comprendre, il faut remonter au début du XVIIIe siècle, dans le Paris de la Régence…

En cette année 1718, qui marque la naissance du futur palais de l'Élysée, le règne de Louis XIV vient de toucher à sa fin. Avec la mort du vieux Roi-Soleil a été levée la chape de plomb étouffante qui régnait sur la cour et une partie de la société. Le petit Louis XV étant âgé de seulement cinq ans à la mort de son arrière-grand-père, la Régence avait été confiée à son oncle, Philippe d'Orléans, qui fait immédiatement souffler le vent du changement dans bien des domaines : rétablissement de la paix internationale, redressement des finances du royaume, relance de l'économie… Tout cela sans compter une certaine libération des mœurs : les frivolités et libertinages assumés de la part du régent lui-même contrastent singulièrement avec l'orthodoxie moralisante des dernières années du Roi-Soleil. Signe des

L'hôtel d'Évreux et ses jardins, ici représentés sur une gravure du milieu du XVIIIe siècle. *Eau forte*, Paris, musée Carnavalet.

temps enfin, le régent délaisse le château de Versailles au profit du Palais-Royal à Paris, qui devient le nouveau siège du pouvoir. La plupart des membres de la cour résident donc désormais dans la capitale, où fleurissent et s'embellissent d'innombrables hôtels particuliers.

Louis XIV. Peinture d'après René Antoine Houasse (1645-1710), Londres, Sotheby's.

Au beau milieu de cette galaxie de courtisans, il en est un toutefois qui ne possède pas encore d'hôtel en propre : Louis Henri de La Tour d'Auvergne, comte d'Évreux et futur constructeur de ce qui devait devenir notre palais de l'Élysée. Cadet d'une famille de très haute noblesse, il a souffert dans sa jeunesse d'une relative gêne financière. Son caractère devait en porter les traces ; celles d'une ambition dévorante doublée d'une certaine tendance, sinon à l'avarice, du moins au mégotage. En 1707, le jeune homme de trente-deux ans a déjà derrière lui une belle carrière militaire, qui l'a vu passer du rang de simple enseigne à celui de maréchal de camp, mais il est le plus jeune de sa fratrie, de sorte que pour assurer le train de vie auquel il prétend, il lui faudra faire fortune par ses propres moyens. Et pour la noblesse quelque peu désargentée de l'époque, il en est un tout trouvé : la mésalliance, autrement dit le mariage avec une riche héritière bourgeoise, et donc de rang inférieur. Et quitte à sacrifier à ce déshonneur, autant viser haut : aussi notre homme ne convoite-t-il pas moins que la fille du particulier le plus riche du royaume à cette époque, Antoine Crozat !

La fortune de ce Crésus bourgeois avait, il est vrai, de quoi faire rêver : elle est estimée à 20 millions de livres, soit à peine

Le pays connaît un nouvel essor sous la régence de Philippe d'Orléans.
Tableau de Jean Baptiste Santerre (1651-1717), Madrid, musée du Prado.

Louis Henri de La Tour d'Auvergne. C'est sous son égide que les travaux du futur palais de l'Élysée commencent. Tableau de Hyacinthe Rigaud (1659-1743), Collection privée.

Portrait présumé de la duchesse de Bouillon, chargée de surveiller étroitement Anne-Marie Crozat. *Tableau de Nicolas de Largillière* (1656-1746), Paris, musée du Louvre.

moins que les recettes annuelles de l'État à la fin du règne de Louis XIV ! Et tant pis s'il participe activement à la traite négrière, dont Crozat et ses associés obtiennent le monopole dans les colonies espagnoles… Cette fortune colossale devait ouvrir au riche roturier les portes de l'aristocratie. À lui, ou plutôt à sa fille Anne-Marie, qui vient d'atteindre ses douze ans et se trouve donc en âge de se marier. Sa dot ? 1,5 million de livres, l'équivalent de deux ou trois riches comtés. Entre le père richissime en manque de noblesse et le noble prétendant en manque d'argent, l'arrangement est vite conclu. Simple monnaie d'échange, la malheureuse jeune fille n'a pas son mot à dire quant à ce mariage qui la condamne à vivre sans amour, avec un homme de vingt ans son aîné. Le mariage est célébré en l'hôtel particulier d'Antoine Crozat, situé sur la toute récente place Vendôme – à l'emplacement de l'hôtel Ritz actuel. À l'issue de la cérémonie, les deux époux sont conduits en carrosse à l'hôtel de Bouillon, résidence de la duchesse douairière de Bouillon, mère de Louis Henri de La Tour d'Auvergne. Là, le marié conduit sa femme dans la chambre, la présente à sa belle-mère… et puis s'en va ! Pour la jeune fille, c'est peut-être un soulagement sur le moment, mais aussi le début d'une triste adolescence, cloîtrée dans les ors de l'hôtel de Bouillon et confiée à la garde de sa belle-mère autoritaire. Cette dernière la surnomme d'ailleurs « mon petit lingot d'or », avec sans doute bien moins d'affection que de cynisme. Anne-Marie Crozat devait toujours entretenir une relation extrêmement distante avec son mari, dont les visites furent bien rares. Même une fois devenue une ravissante jeune femme, il ne la touchera jamais. Et cela alors même qu'il avoue que dans d'autres circonstances, il en aurait volontiers fait sa maîtresse ! Mais pour un homme de si haute noblesse, la mésalliance avait ses limites, et la malheureuse faisait naître en son mari un « sentiment de répugnance » qui lui interdisait de l'approcher.

S'il ne profite guère des charmes de son épouse, Louis Henri de La Tour d'Auvergne profite au moins pleinement de sa dot et de l'influence de son beau-père. Ce dernier avait d'ailleurs fait construire, pour sa fille et son gendre, un superbe hôtel particulier sur la place Vendôme, voisin du sien. Mais le couple – ou du moins les deux parties qui le composent – n'y réside guère. Surtout, c'est par l'intermédiaire de son beau-père que Louis-Henri peut acquérir le comté de Tancarville, en Normandie, qui lui offre de nouveaux revenus. Grâce à sa belle-famille, les affaires sont donc florissantes pour le comte d'Évreux, qui ambitionne même d'obtenir une charge lucrative, donc très onéreuse à l'achat : la capitainerie des chasses de Monceaux. Mise à prix : 800 000 livres. La dot de Marie-Anne ne sera pas de trop ! Mais les moyens financiers ne font pas tout : encore faut-il gagner l'assentiment du Régent lui-même. Or, lorsque le comte d'Évreux le sollicite, en 1717, le prince lui répond simplement qu'il va y réfléchir… puis ajoute une saillie piquante : « Je vous l'accorderai lorsque je pourrai vous en porter moi-même le brevet dans un hôtel à vous. » Tout grand du royaume qu'il est, le comte d'Évreux ne dispose en effet toujours pas de son hôtel particulier à Paris ! Il ne fait que profiter de l'hospitalité de sa mère à l'hôtel de Bouillon, et de celui construit par son beau-père sur la place Vendôme. Aussi le trait d'esprit du Régent fait-il mouche : puisqu'il faut une résidence à Paris pour obtenir cette capitainerie si enviée, le comte d'Évreux lance immédiatement le projet d'en construire une. Voilà comment une boutade princière devait donner naissance au lieu de pouvoir le plus emblématique de notre République.

Ainsi motivé, Louis Henri de La Tour d'Auvergne s'apprête donc à faire ce qu'il aime le moins : dépenser son argent, ou plutôt celui de sa femme. Or pour construire un hôtel particulier, il faut d'abord disposer d'un terrain. Pour avoir la place nécessaire – et économiser tout l'argent possible… –, le centre de la capitale est évidemment à proscrire : la périphérie fera bien l'affaire. Les recherches du comte d'Évreux pour trouver son terrain éveillent l'intérêt du célèbre banquier écossais John Law, introducteur en France du papier-monnaie et associé d'Antoine Crozat pour leurs affaires en Louisiane française. Si Law s'intéresse tant à cette banale affaire de terrain constructible, c'est que ce cadet d'une famille de nobliaux écossais est avide d'obtenir un titre prestigieux. Le comte d'Évreux serait alors prêt à lui vendre son comté de Tancarville, dans le cas où le financier lui trouverait quelques hectares. John Law fait appel à un confrère spéculateur pour l'obtenir : Claude La Tour, contrôleur des Bâtiments du roi et architecte de son métier. Proche de la famille Le Nôtre, il dispose justement d'un vaste terrain dans la périphérie ouest de la capitale, à proximité de la chaussée du Roule, qui mène au village du même nom – et qui n'est autre que la future rue

John Law (1671-1729), sur l'aide duquel Henri Louis put compter pour trouver un terrain propice à l'édification de son hôtel particulier, Londres, National Gallery.

du Faubourg-Saint-Honoré. Dans un cadre encore semi-rural, le terrain n'est composé que de jardins maraîchers. Au sud, il est bordé par le Grand-Cours, une immense avenue-promenade déjà très appréciée des Parisiens… et que l'on commence tout juste à appeler les Champs-Élysées.

Le lieu convenant à l'acheteur, l'affaire est vite conclue. Pour 720 000 livres, Henri Louis de La Tour d'Auvergne vend son comté de Tancarville à John Law, qui lui procure en contrepartie le terrain fraîchement acheté à Claude La Tour. Ce dernier, d'ailleurs, avait mis une condition à la vente : il exigeait d'être l'architecte de l'hôtel qui devait sortir de terre. L'art de réaliser des affaires sur tous les fronts… Une fois le projet décidé, la construction est menée tambour battant : en deux ans, le gros œuvre est achevé. L'hôtel d'Évreux – futur palais de l'Élysée – est né. Il prend la forme d'un véritable petit château, dont l'aspect et les dimensions contrastent singulièrement avec les potagers

Façade de l'hôtel d'Évreux, entre 1718 et 1736.
Dessin d'architecture, Paris, musée Carnavalet.

ou les modestes échoppes qui peuplent un quartier à la ruralité encore prégnante.

Le nouvel édifice est évidemment conçu selon les principes en vogue à l'époque en matière d'hôtels particuliers : un hôtel entre cour et jardin, la cour étant située du côté de la chaussée du Roule, le jardin – ou plutôt un véritable parc – du côté des Champs-Élysées. Aux dimensions près, rien de bien spectaculaire ou de bien inhabituel. Le corps principal, d'environ 40 mètres de largeur par 20 mètres de profondeur, comprend un rez-de-cour et un étage, ainsi qu'un étage de combles sous toiture, à quoi s'ajoute également un vaste réseau de caves en sous-sol. Ses dimensions importantes permettent au bâtiment d'être double en profondeur, c'est-à-dire qu'il dispose d'une série de pièces donnant sur la cour, et d'une deuxième série donnant sur le jardin. Élégante et soignée, l'architecture reste très classique, sagement ordonnée, et empreinte d'une certaine sobriété : la façade sur cour s'ordonne autour d'un petit pavillon central avec porche à colonnes, étage orné de pilastres, et fronton triangulaire au sommet. De part et d'autre se développent quatre travées de fenêtres, complétées par deux pavillons saillants aux extrémités. Côté cour, la façade est plus équilibrée encore, car elle fait l'économie des pavillons latéraux. À l'est et à l'ouest de ce corps principal se développent deux ailes en équerre, qui ne comportent qu'un rez-de-cour, destinées à accueillir de petits appartements plus facilement logeables que le corps principal. Enfin, alors que le parc prend la forme d'un jardin à la française, la cour d'honneur est encadrée de deux murs aveugles à arcades cachant à la vue les communs établis au revers, et réunis par un majestueux portail central ouvrant sur la chaussée du Roule. En somme un décor prestigieux sans être trop ostentatoire, une architecture sobre et solennelle, qui sied aujourd'hui à merveille à l'exercice du pouvoir.

Du moins à l'extérieur, car à l'intérieur, l'avarice du commanditaire reprend vite le dessus. Et si le rez-de-cour destiné aux réceptions est meublé avec soin et couvert de riches boiseries, le comte d'Évreux juge tout simplement inutile d'aménager l'étage du corps principal. Mieux encore, il n'a même pas prévu un escalier d'honneur pour le desservir ! D'ailleurs, tout dans le corps principal n'est que parade et ostentation, car le comte installe ses appartements dans l'une des ailes secondaires, où la moindre hauteur sous plafond rend les pièces bien plus faciles à chauffer. Quoi qu'il en soit, l'objectif est ailleurs : ce qui compte, c'est cette soirée de décembre 1720 où, dans l'hôtel à peine terminé, le comte d'Évreux offre un grand bal en l'honneur du Régent. Au cours de la fête, on admire bien sûr les intérieurs fraîchement aménagés, mais aussi la comtesse d'Évreux, dont les sorties sont si rares. À vingt-trois ans, Marie-Anne Crozat est probablement toujours vierge, et ce, alors même que son mari n'hésite pas à s'afficher sous ses yeux aux côtés de sa maîtresse favorite. Mais le comte d'Évreux n'a que faire des états d'âme de sa moitié : il n'est obnubilé que par le brevet de la capitainerie des chasses de Monceaux. Comme il l'avait promis, le Régent le remet en personne au propriétaire des lieux. Et pour le féliciter d'avoir su si bien relever le défi qu'il avait lancé, il lui offre également 140 toises carrées (environ 530 mètres carrés) de terrain à prendre sur le Grand-Cours, ce qui permettra d'agrandir légèrement le jardin au sud.

À l'issue de la soirée, la comtesse est priée de retourner profiter de l'hospitalité de sa charmante belle-mère, à l'hôtel de Bouillon… L'hôtel d'Évreux – construit avec l'argent de sa dot – devait lui rester définitivement interdit, pour que le comte puisse profiter tout à loisir de ses maîtresses. C'en était trop pour la pauvre jeune femme qui, probablement soutenue par ses parents, avait déjà demandé la séparation de biens, à défaut du divorce qui n'était pas permis. Pour Louis Henri de La Tour d'Auvergne, le coup fut rude – mais mérité ! –, car cette séparation impliquait de rembourser la totalité de la formidable dot versée par Antoine Crozat. Heureusement, le comte était enfin devenu riche, et par ses propres moyens : fort de sa relation avec l'Écossais John Law, il avait eu l'opportunité d'investir massivement dans la Compagnie perpétuelle des Indes, résultat de la fusion des plus grandes compagnies coloniales françaises et de la banque florissante de Law. Véritable « Bitcoin » de l'époque, ces actions avaient multiplié par quarante leur valeur en quelques mois ! Aussi le comte d'Évreux n'eut-il aucun mal à rembourser

Vue de l'Élysée et des jardins, dessin d'Auguste Anastasi, gravure de Pannemaker, paru dans l'*Histoire des jardins anciens et modernes* d'Alfred Mame, en 1888.

Antoine Crozat en actions. Malheureusement pour son beau-père, le fameux « système de Law » n'allait pas tarder à s'effondrer, provoquant l'un des premiers krachs boursiers de l'histoire. Si bien que dès l'automne 1720, les mirobolantes actions de la Compagnie perpétuelle des Indes ne valaient… plus rien ! Le comte d'Évreux s'estimait néanmoins acquitté de sa dette, tout au contraire d'Antoine Crozat, qui fulminait de s'être fait ainsi rouler dans la farine. Le beau-père ira jusqu'à tenter de faire poser des scellés sur les portes de l'hôtel d'Évreux, estimant – non sans raison – que l'édifice avait été construit avec la dot de sa fille.

En vain. L'hôtel d'Évreux resterait au comte d'Évreux, qui avait d'ailleurs poursuivi son embellissement, désormais en faisant appel à l'architecte Jules Michel Hardouin, neveu de l'architecte du roi Jules Hardouin-Mansart, ainsi qu'au sculpteur Michel Lange, que le régent avait bien voulu lui prêter. Définitivement éloigné de sa femme, Louis Henri de La Tour d'Auvergne pouvait poursuivre en toute tranquillité une vie d'indolence, partagée entre maîtresses et parties de chasse. Usé par cette existence stérile et égoïste, il devient sénile avant l'âge. Durant ses dernières années, gâteux et isolé, il est dominé par sa gouvernante autoritaire et par ses laquais ; triste sort dont une épouse – s'il en avait voulu – aurait probablement pu le protéger. Il mourut finalement à soixante-dix-huit ans, le 20 janvier 1753. Jusqu'à ce jour, il reste la personne ayant habité le plus longtemps la demeure qui devait devenir notre palais présidentiel.

La belle Marie-Anne Crozat, elle, mourut dès 1729, à seulement trente-quatre ans. Mais durant les quelques années où elle fut débarrassée de son mari, le bonheur – ou du moins la liberté – lui avait finalement souri : elle avait pu tenir salon et donner discrètement naissance à deux enfants, fruits d'amours que l'on aime croire sincères. C'était bien le moins que la vie pouvait accorder à cette femme sans laquelle le palais de l'Élysée n'aurait pu voir le jour.

L'architecte royal Jules Hardouin-Mansart.
Huile sur toile de Hyacinthe Rigaud (1659-1743), Paris, musée du Louvre.

L'histoire secrète

LES CHAMPS-ÉLYSÉES, DES MARAIS À LA PLUS BELLE AVENUE DU MONDE

Si l'entrée officielle du palais de l'Élysée est située au 55 de la rue du Faubourg-Saint-Honoré, le palais dispose aussi, à l'extrémité de ses jardins, d'un accès direct à l'avenue des Champs-Élysées, où s'ouvre aujourd'hui la somptueuse grille du Coq, forgée à la demande d'Émile Loubet. L'immense et célèbre avenue, longue de près de deux kilomètres, existait déjà au moment de la construction de l'hôtel d'Évreux, au début du XVIIIe siècle. Elle avait été créée à la suite d'un décret royal passé en 1667, ordonnant l'ouverture d'une grande avenue permettant de relier les Tuileries à la route menant au château de Saint-Germain-en-Laye, et indirectement à Versailles, alors en pleine construction. André Le Nôtre en personne est chargé du chantier. Une immense avenue bordée d'arbres est donc aménagée, au travers de terrains semi-marécageux et encore vierges de toute construction. L'avenue s'élève en pente douce vers le sommet occupé par un vaste carrefour de routes rayonnantes, la future place de l'Étoile. Cette nouvelle voie – baptisée dans un premier temps « Grand-Cours » ou « avenue des Tuileries » – venait doubler le Cours-la-Reine, une autre grande voie établie le long de la Seine. La nouvelle avenue, ainsi que les vastes terrains qui la séparent du Cours-la-Reine, devient un lieu de promenade très prisé des Parisiens, déjà avides de grands espaces et de verdure. Bientôt, on ne tarde pas à baptiser l'endroit « champs Élysées », en référence à la mythologie romaine, l'Élysée étant la partie des Enfers réservée aux justes et aux bienheureux… une sorte de paradis avant la lettre. Et à partir de 1694, c'est le Grand-Cours lui-même qui est rebaptisé avenue des Champs-Élysées… presque un siècle avant que l'ancien hôtel d'Évreux n'adopte lui aussi cet antique et solaire toponyme.

L'entrée des Champs-Élysées en 1830, un lieu déjà en vogue à l'époque. Huile sur toile d'Eustache-François Duval (1760-1846), Nantes, musée des Beaux-Arts.

Le refuge de Madame de Pompadour

Après la mort de son propriétaire, l'hôtel d'Évreux demeure vide durant presque toute l'année 1753. Ce n'est qu'à la veille de la Noël qu'il trouve un nouvel acquéreur, qui comptera parmi ses hôtes les plus célèbres : Madame de Pompadour. La marquise devait beaucoup contribuer à embellir l'édifice, qui n'aura sans doute jamais été aussi élégant que sous son égide.

Lorsqu'elle signe l'acte d'achat, la nouvelle propriétaire n'est déjà plus la favorite rayonnante de Louis XV. Depuis 1750 en effet, le couple illégitime n'a plus de relations intimes, tandis qu'une santé défaillante commence à altérer quelque peu la beauté de Madame de Pompadour. Mais même plusieurs années après la fin de leur passion charnelle, elle reste viscéralement attachée au roi, qu'elle aime sincèrement, au point de consentir à le voir satisfaire ses désirs avec d'autres... Elle conserve d'ailleurs la main sur le fameux Parc-aux-Cerfs, le petit harem du roi, veillant non seulement à la satisfaction de ce dernier, mais surtout à ce qu'aucune de ces jeunes maîtresses ne lui fasse de l'ombre. Madame de Pompadour reste une amie précieuse, une confidente d'un soutien indéfectible, en laquelle le roi gardera toujours – et à raison – une grande confiance. De son côté, si elle

La marquise de Pompadour.
Tableau de François Boucher (1703-1770), Paris, musée du Louvre.

Louis, dauphin de France, fils de Louis XV, un des plus virulents détracteurs de la marquise de Pompadour. *Portrait du dauphin Louis de France*. Tableau par Louis Michel van Loo (1707-1771, Versailles, musée national des châteaux de Versailles et de Trianon.

est portée par des sentiments amoureux sincères, la favorite exerce aussi sur le souverain un certain ascendant et profite évidemment de ses largesses, davantage peut-être qu'aucune autre favorite royale.

Mais pour celle qui est née Jeanne Poisson, cette faveur et cette influence auprès du roi ont un prix : celui de l'impopularité. Non seulement celle du dauphin – qui la surnomme « Maman Putain » ! – mais aussi celle du peuple, et tout particulièrement des Parisiens qui la haïssent. Outre son ascendance roturière, on lui reproche de vider les caisses de l'État par ses dépenses somptuaires, et d'exercer sa mauvaise influence sur le roi dans tous les domaines. Enfin, alors que le plus grand nombre se contente de la traiter de prostituée, les rumeurs les plus salissantes l'accusent – évidemment sans aucun fondement – de crimes horribles comme des sacrifices d'enfants. Cette impopularité explique en partie pourquoi la favorite achète, en 1753, l'ancien hôtel d'Évreux, qui devient de fait l'hôtel de Pompadour. En habitant cette demeure encore un peu à l'écart de Paris, elle souhaite se mettre à l'abri de ce peuple parisien qui la déteste ouvertement et n'hésite pas, de temps en temps, à jeter des pierres sur son carrosse. En outre, l'hôtel construit par le comte d'Évreux a l'avantage d'être idéalement situé pour rejoindre facilement Versailles, où la favorite passe le plus clair de son temps. Enfin et surtout, la nouvelle résidence

La marquise est réputée pour sa grande beauté et son élégance. On lui reproche de ruiner l'État pour assouvir son goût du luxe. Huile sur toile de François Boucher (1703-1770), Cambridge, Fogg Art Museum.

est située à deux pas du couvent des dames de l'Assomption, où est élevée la fille de Madame de Pompadour, Alexandrine, issue de son mariage avec Charles Lenormant d'Étioles. Là, l'adorable fillette de neuf ans reçoit l'éducation digne de la princesse qu'elle est en train de devenir, elle qui attendrit jusqu'au roi lui-même – lequel se laisse appeler « papa » ! À l'hôtel d'Évreux, Madame de Pompadour pourra profiter aussi souvent que possible de sa fille, les beaux jardins touchant aux Champs-Élysées formant un décor idéal pour ses jeux d'enfant…

Pour recevoir dignement Alexandrine, il faut toutefois réaménager l'hôtel en conséquence. Déjà vieux de trente-cinq ans, le décor intérieur est bien défraîchi et quelque peu passé de mode. La favorite va donc pouvoir exercer sur sa résidence parisienne son goût pour les belles choses et son sens inné de l'élégance. Et cette fois, tout au contraire du comte d'Évreux, pas question de lésiner ou de regarder à la dépense : pour atteindre l'excellence en tout, l'argent doit couler à flots. Madame de Pompadour l'avoue elle-même : « Mon plaisir n'est pas de contempler l'or dans mes coffres, mais de le répandre. » La commanditaire fait donc appel aux meilleurs artistes et artisans de l'époque : son architecte favori, Jean Cailleteau, dit Lassurance, chargé des quelques transformations structurelles effectuées à l'intérieur ; le sculpteur et ébéniste Jacques Verberckt, qui exerce toute sa virtuosité sur les décors

Une des cheminées ornées de l'Élysée,
datant de l'époque de la construction de l'hôtel d'Évreux.

Écran tapissé de Beauvais. Son décor central qui se trouve à l'Élysée, est de M. Chaplin. Dans *Le Costume historique* d'Albert Racinet, tome V, planche 395 (1888).

somptueux des boiseries ; le marbrier Louis François Trouard, qui refait la plupart des cheminées ; ou encore les célèbres peintres Charles van Loo et François Boucher, qui donnent la pleine mesure de leur génie dans les panneaux ou encore les médaillons peints qui agrémentent les différents salons et chambres de l'hôtel. Partout, les matériaux et les objets les plus précieux et les plus nobles, la plupart acquis par l'intermédiaire de Lazare Duvaux, le marchand bijoutier ordinaire du roi lui-même : lustres en cristal de Bohème, tapisseries des Gobelins, grilles de bronze doré, toiles des Indes à figurines, sièges tendus de satin, de damas, de soie brodée... Dans le jardin aussi, on s'apprête à réaliser de grands aménagements : bassins à jets d'eau, cascades, grotte, portiques... et même un labyrinthe pour que la petite Alexandrine puisse jouer à s'y perdre ! Malheureusement, la charmante enfant n'aura guère le temps de profiter des joies que sa mère avait imaginées pour elle. À peine six mois après l'achat de l'hôtel, le 15 juin 1754, Alexandrine est emportée par une maladie foudroyante, après quelques heures d'une agonie pénible ponctuée de convulsions. Le drame est si soudain que l'on pense à un empoisonnement, mais en réalité la fillette semble avoir été victime d'une appendicite aiguë, doublée d'une péritonite. Madame de Pompadour n'a pas même le temps de rejoindre sa fille adorée, pas plus

La fille de la marquise, Alexandrine Lenormant d'Étioles. *Portrait de petite fille en robe blanche, dite Alexandrine Lenormant d'Etiolles.* Tableau attribué à François Hubert Drouais (1727-1775, Paris, musée Cognacq-Jay.

que les deux médecins du roi dépêchés en urgence pour la sauver. Terrassée par la douleur, la favorite reste prostrée plusieurs jours durant, n'acceptant comme seule compagnie que celle de la nourrice de sa fille défunte. Pour ajouter encore à son malheur, dix jours après le décès de son enfant, la favorite perd son père, auquel elle était très attachée. De ce terrible drame, Madame de Pompadour ne s'est probablement jamais tout à fait remise, mais elle avait assez de tenue pour sauver les apparences. Quelques semaines après la mort d'Alexandrine, la vie devait reprendre le dessus. Et puis, il lui restait encore le roi, son amour de toujours, et son frère Abel, qu'elle chérissait également.

Il lui fallait aussi veiller à terminer l'aménagement de son nouvel hôtel avec le soin que je vous ai déjà décrit. Ce faisant, Madame de Pompadour inaugure ce qui devait devenir un véritable sport national pour tous les futurs propriétaires ou locataires de l'Élysée : les transformations fonctionnelles. Ainsi, si le salon d'honneur est conservé dans son rôle, on aménage une antichambre dans ce qui fut jadis la salle à manger du comte d'Évreux, tandis que l'ancienne chapelle est convertie… en cabinet de toilette ! Dans le futur Salon doré en revanche, la nouvelle propriétaire se contente de remplacer les portraits des ducs de Bouillon, installés par le précédent propriétaire, par des représentations des neuf Muses. Enfin, la chambre de parade,

Gravitant également dans l'entourage royal, Abel François Poisson de Vandière est marquis de Marigny et de Menard et directeur général des Bâtiments du roi. Portrait par Louis Tocqué (1696-1772), Paris, musée Carnavalet.

dite aujourd'hui salon Pompadour, est remaniée de façon à créer une alcôve hémicylindrique pour y loger le lit (cette alcôve sera sacrifiée au milieu du xxe siècle pour permettre l'installation d'un ascenseur – triste modernité !).

Les agencements de Madame de Pompadour ne se limitent pas à l'intérieur : le jardin, lui aussi, a été considérablement transformé. En particulier, alors que la mode des bergeries et d'une ruralité fantasmée bat déjà son plein, la favorite désire créer un potager, sans toutefois empiéter sur le reste du parc. C'est pourquoi elle demande au roi de lui offrir une parcelle de terrain supplémentaire. Ne sachant rien refuser à sa fidèle amie, celui-ci cède une partie des cours qui entourent les Champs-Élysées. Mais c'était sans compter sur le tempérament

La marquise de Pompadour est très proche de son frère Abel. Ils se soutiennent mutuellement. *Madame de Pompadour et son frère, Abel François Poisson de Marigny.* Tableau d'Alexander Roslin (1718-1793), Göteborg, musée des Beaux-Arts.

Vue intérieure du salon Pompadour
(ancienne chambre d'apparat du comte d'Évreux).

revêche des Parisiens, qui considèrent que la favorite honnie n'a aucun droit d'empiéter sur leur lieu de promenade préféré. C'est une véritable flambée de haine populaire que Madame de Pompadour subit de plein fouet. Un jour, on trouve même accrochée à la grille de son hôtel une pancarte indiquant « Demeure de la putain du roi » ! Courageuse, la favorite ne veut pourtant pas céder face à la bile du peuple parisien : elle commence les travaux d'aménagement de son potager, qu'elle désire clore par un mur, pour avoir enfin la paix. Mais à peine les maçons arrivent-ils sur le chantier qu'ils doivent affronter un commencement d'émeute et sont contraints de fuir ! Finalement, Madame de Pompadour préfère céder. Pour apaiser la situation, elle renonce à cette extension et se contentera d'un potager plus modeste.

D'ailleurs, malgré tout le soin qu'elle y met, Madame de Pompadour ne réside qu'assez rarement dans son hôtel. Au point que lorsqu'elle demande à l'archevêque de Paris de célébrer la messe dans sa chapelle, celui-ci refuse, arguant qu'elle n'y réside pas réellement. Une si belle demeure ne pouvant rester sans occupant, elle finit par y installer son frère, Abel de Marigny, auquel elle rend visite régulièrement. Il faut dire que le frère et la sœur ont beaucoup d'affection l'un pour l'autre : le sens de la famille n'est pas un vain mot chez les Poisson. C'est d'ailleurs grâce à sa sœur – sa « reinette », comme il se plaît à la surnommer – qu'Abel avait obtenu le marquisat de Marigny, ainsi que son poste

L'histoire secrète

LES MOUTONS DE LA POMPADOUR

Vaste d'environ 15 000 mètres carrés, le parc de l'Élysée prend aujourd'hui la forme d'un jardin à l'anglaise, principalement constitué par une vaste pelouse dans l'axe de la perspective, encadrée par deux grands bosquets d'arbres – dont quelques-uns ont été plantés avant la Révolution – qui masquent opportunément la vue aux immeubles voisins. Le tout est évidemment agrémenté de nombreux massifs de fleurs, mais aussi d'un petit labyrinthe et d'une fontaine. Et si le terrain forme aujourd'hui une concavité assez perceptible vers le centre, c'est parce qu'il était autrefois occupé par un plan d'eau artificiel, aménagé par Bathilde d'Orléans à la fin du XVIIIe siècle et dont l'emplacement est aujourd'hui occupé par la pelouse. Près des appartements privés de l'aile orientale se trouvait autrefois une petite pièce d'eau plus modeste, où pataugeaient les fameux canards qu'aimait tant nourrir le président Jules Grévy – elle fut supprimée par Georges Pompidou. Contrairement à bon nombre de jardins similaires, celui de l'Élysée ne comporte guère de statues, à deux exceptions près : celle des Jumelles, commandée par François Mitterrand au sculpteur Jean Carton, qu'il admirait ; et surtout celle d'un mouton, réalisée par François-Xavier Lalanne pour Claude Pompidou. Pourquoi un mouton ? Tout simple-

de directeur général des Bâtiments du roi. Passant le plus clair de son temps à Versailles, Madame de Pompadour est victime d'une hostilité de plus en plus affichée : à la cour, elle trouve des pamphlets injurieux partout, jusque sous son assiette ou sous son oreiller ! Ce qui ne doit rendre que plus agréable les brefs séjours qu'elle passe auprès de son frère, dans les salons feutrés de l'hôtel de Pompadour, ou plutôt de Marigny. Là, tout au contraire de Versailles, la vie s'écoule paisiblement, exception faite de quelques

Dans les jardins de l'Élysée, *Mouton*, la statue réalisée par François-Xavier Lalanne.

ment pour rappeler l'un des épisodes les plus cocasses vécus à l'Élysée, à l'époque de la marquise de Pompadour… Cédant à la mode du temps, la favorite aimait jouer à la bergère dans ses jardins, où elle possédait un petit troupeau de moutons, évidemment bien propres et tout enrubannés. Un jour, pour surprendre ses invités, elle eut l'idée de laisser rentrer quelques-uns de ces ovins à l'intérieur même de son boudoir… Mais la pièce était dotée de plusieurs grands miroirs, ce qui effraya évidemment les pauvres bêtes. Paniquées et désorientées, elles se jetèrent à grands coups de cornes contre les glaces et mirent tout le boudoir sens dessus dessous !

grands événements, comme l'inauguration de l'immense statue équestre de Louis XV, installée en 1763 au centre de notre future place de la Concorde, à deux pas de l'hôtel de Pompadour. À l'issue de cette inauguration, la favorite organise dans ses jardins une superbe illumination, à laquelle tout le monde se presse... au point que les Champs-Élysées sont le théâtre d'un embouteillage de carrosses durant plusieurs heures. Le premier d'une longue série ! La même année, Abel de Marigny convainc sa sœur d'offrir à l'hôtel une vue plus majestueuse, en faisant une grande percée dans l'axe des jardins, au travers des Champs-Élysées et en direc-

Autre vue intérieure du salon Pompadour. Le buste de Madame de Pompadour sur la commode Louis XV est attribué à Jean-Baptiste Pigalle (1759).

tion de la toute nouvelle École militaire, dessinée par lui-même sur la rive gauche de la Seine. Le souverain ayant évidemment donné son autorisation, l'hôtel de Pompadour allait bientôt pouvoir jouir d'une perspective impressionnante, à l'image des châteaux les plus prestigieux.

Pot-pourri « à vaisseau » issu de la manufacture de Sèvres attribué à Jean-Claude Duplessis et Charles-Nicolas Dodin. Il ornait la chambre de la marquise de Pompadour.

Ce devait être le dernier embellissement notable apporté par Madame de Pompadour à son refuge parisien. L'hiver suivant, après avoir contracté la tuberculose, elle meurt d'une congestion pulmonaire le 15 avril 1764, au château de Versailles. Ultime privilège accordé à la favorite, car il est habituellement interdit à un courtisan de mourir dans le lieu où réside le roi. Quelques années plus tôt, lors d'une période d'angoisse, Madame de Pompadour avait pris soin de rédiger son testament ; elle y léguait son hôtel parisien au roi lui-même, dans l'espoir qu'il en fasse la demeure de l'un de ses petits-fils, le comte de Provence. Pour Abel de Marigny, déjà affligé par la mort de sa sœur chérie, il faut donc plier bagage. Un an durant toutefois, selon les volontés du roi, l'hôtel parisien sert encore de dépôt pour le mobilier et les objets d'art issus des autres résidences laissées par la Pompadour, qui s'ajoutent donc à ceux déjà présents dans l'hôtel. Cette incroyable accumulation de richesses sera vendue, sous l'œil vigilant d'Abel et du fidèle intendant Collin, à des personnalités venues de l'Europe entière. Ainsi s'évanouissait le souvenir de Madame de Pompadour, grâce à qui le futur palais de l'Élysée avait atteint une splendeur qu'il ne devait plus égaler.

Un véritable musée du Louvre avant l'heure

Loin d'exaucer les vœux de son ancien amour, qui souhaitait que sa demeure devienne celle du jeune comte de Provence, Louis XV décide finalement de faire de l'hôtel de Pompadour une résidence destinée aux ambassadeurs extraordinaires lors de leurs séjours à Paris. Peut-être estimait-il qu'il aurait été contraire à la bienséance de loger un prince royal dans l'habitation d'une ancienne favorite... Et une fois achevée la vente des richesses de la Pompadour, l'ancien hôtel d'Évreux est effectivement en mesure d'accueillir des ambassadeurs... qui ne viendront jamais.

Le beau palais n'est toutefois pas perdu pour tout le monde. Il intéresse en particulier Joseph d'Hémery, simple inspecteur pour la Librairie, c'est-à-dire – en des termes plus actuels – policier pour la censure royale. Or, à force de choisir quels livres devaient être autorisés ou interdits, le sieur d'Hémery en était devenu bibliophile ! Pour accueillir son impressionnante bibliothèque, ainsi que sa personne, notre homme porte ses vues sur l'ancien hôtel de Pompadour. Grâce à ses talents de négociateur, il est autorisé en 1766 à occuper un appartement au sein de l'hôtel,

Portrait de Nicolas Beaujon, par Louis Michel van Loo (1707-1771), Fontaine Chaalis, musée Jacquemart-André.

à charge pour lui de surveiller les éventuels ambassadeurs qui viendraient à y séjourner. Mais on l'aura compris, notre censeur bibliophile allait être bien tranquille. D'ailleurs, voyant qu'il ne servait guère aux diplomates, le roi décida d'utiliser l'ancien hôtel de sa favorite pour accueillir le Garde-Meuble, l'administration responsable du mobilier du roi. Cela en attendant l'achèvement de l'immense hôtel construit à cet effet sur la place Louis XV (l'actuel hôtel de la Marine), ce qui est chose faite dès 1767. Après quoi Joseph d'Hémery demeure seul avec ses livres, dans ce palais qui ne lui appartient pas.

Le palais finit toutefois par intéresser un grand personnage : l'abbé Terray, contrôleur général des Finances à partir de 1769. Auteur d'une réforme drastique des finances de l'État, qu'on ne manque pas d'assimiler à une banqueroute, il traîne derrière lui une extrême impopularité : on le surnomme l'abbé Vide-Gousset ! Peut-être fatigué de son hôtel de la rue de Richelieu, le ministre jette son dévolu sur l'ancien hôtel d'Évreux, qu'il rachète au roi, arguant que c'est là un bon moyen de renflouer un peu plus les caisses de l'État. Il s'en sépare cependant très vite, le 20 septembre 1773, au profit du banquier Nicolas Beaujon, réalisant au passage un petit bénéfice… on n'est pas contrôleur général des finances pour rien !

Le nouveau propriétaire de l'hôtel n'est pas un inconnu. Fils d'un grand négociant bordelais, il avait épousé Élisabeth Bontemps, la fille de l'ancien premier valet de chambre du roi. Nommé receveur de la généralité de Rouen puis conseiller d'État, il remporte un grand succès dans ses opérations financières et accroît sa fortune au point de jouer le rôle d'un véritable banquier pour le roi. Il ouvre d'ailleurs sa propre banque, avec son associé Goossens. Les affaires sont florissantes : durant une décennie, la banque Beaujon, Goossens & Cie finance les têtes couronnées de la France entière, et même au-delà : le roi lui-même bien sûr, désireux de payer ses guerres et d'assumer le

L'abbé de Molesmes, Joseph Marie Terray occupe brièvement l'hôtel de Pompadour.
Huile sur toile d'Alexander Roslin (1718-1793),
Versailles, musée national des châteaux de Versailles et Trianon.

train de vie de ses favorites ; mais aussi ses petits-fils, le comte de Provence et le comte d'Artois ; ou encore la nouvelle favorite Madame du Barry... La liste pourrait s'allonger indéfiniment : il n'est pas jusqu'au roi de Suède en personne qui ne fasse appel aux services de Beaujon ! Et lorsque Louis XVI succède à son grand-père en 1774, la nouvelle cliente favorite de la banque Beaujon-Goossens s'appelle bien sûr Marie-Antoinette. Chaque jour, des sommes colossales sont en jeu. Mais pour prêter de l'argent à tant de têtes couronnées, il faut inspirer la confiance et afficher sa réussite. Et quoi de mieux que l'ancien hôtel d'Évreux pour cela ? Idéalement situé dans les faubourgs de la capitale, le palais respire le luxe et la respectabilité. C'est pourquoi Nicolas Beaujon, non content d'en faire sa résidence, y installe également les locaux de sa banque. Bien sûr, pas question d'utiliser le corps principal de l'hôtel pour cela : les anciennes cuisines, dans l'aile orientale, feront bien l'affaire. Elles disposent d'ailleurs d'un accès direct sur la cour d'honneur, où les voitures de clients prestigieux se succèdent à longueur de journée.

Malgré sa réussite, Nicolas Beaujon n'est pas seulement un homme d'argent. Sous ses airs un peu balourds, il est aussi un homme de goût, épris de tous les arts, et désireux de le montrer à ses invités. C'est pourquoi, durant plusieurs années, Monsieur Beaujon est de toutes les ventes aux enchères de prestige, où il parvient à renchérir sur les plus grands collectionneurs pour acquérir les œuvres les plus recherchées, et remplir ainsi les salons de son hôtel. D'ailleurs, le nouveau propriétaire ne se limite pas à enrichir la décoration. Sous son égide et celle de l'architecte Étienne Louis Boullée, le désormais hôtel Beaujon se métamorphose une nouvelle fois, en particulier les petits appartements de l'aile orientale, où se succèdent désormais salons et cabinets décorés avec luxe et élégance. On y trouve notamment la chambre du propriétaire des lieux, installée dans l'ancien cabinet de toilette de la Pompadour, et surtout une galerie abritant sa collection de tableaux, que Monsieur Beaujon peut admirer à chaque fois qu'il se rend en ses bureaux. Partout, les moindres détails sont d'un grand raffinement, qu'on ne s'attend pas forcément à trouver chez un banquier bedonnant : salon de musique rempli d'instruments variés ; nombreuses horloges orfévrées, dont une somptueuse représentant les Trois Grâces ; salle de bain entièrement tendue d'une mousseline rose à motifs de fleurs… Tout cela nous est connu par une description de l'artiste Élisabeth Vigée Le Brun en personne, dont la sûreté de goût ne saurait être mise en doute ! À l'extérieur également, les trans-

Vue sur le parc depuis une fenêtre du Salon doré.

formations sont radicales. Le principe du jardin à la française est abandonné, au profit d'un jardin à l'anglaise, plus à la mode et dont le désordre apparent – mais en réalité savamment pensé – s'attache à donner l'illusion d'une nature d'opérette. Désormais, le parc est parcouru d'une rivière franchie d'un petit pont, peuplé de bosquets d'arbres, et accueille enfin un étang ceinturant une petite île… Lors des réceptions, le décorum est tout à fait à la hauteur du cadre. Pas moins de quarante domestiques, dirigés par le maître d'hôtel Fernet, veillent à satisfaire tous les besoins. Les dîners, somptueux, sont placés sous l'égide du célèbre chef Barsac et du rôtisseur Filleul. Ultime distinction, Monsieur Beaujon engage même un « officier-sableur », chargé de décorer la table de scènes mythologiques ou de motifs abstraits réalisés à l'aide de sables colorés ou de poudre de marbre ! Mais le point

Le Moulin de la Folie-Beaujon en 1827, par Antoine Patrice Guyot (1777- 1845), Paris, musée Carnavalet.

d'orgue du palais se trouve dans l'extraordinaire collection de peintures de Monsieur Beaujon : Rubens, Poussin, Véronèse, Rembrandt, Chardin, Boucher, Metsu, Holbein, Le Brun… des œuvres majeures de tous les grands maîtres y figurent, c'est un véritable musée du Louvre avant l'heure ! D'ailleurs, bon nombre des tableaux acquis par Nicolas Beaujon se trouvent aujourd'hui dans les plus grands musées européens. À ces chefs-d'œuvre incomparables, le propriétaire ajoute fièrement une série de portraits offerts par quelques-uns de ses plus célèbres clients : Louis XVI en personne, le comte d'Artois, le comte de Provence, ou encore le roi de Suède.

Monsieur Beaujon, bien que vivant dans une débauche de luxe et d'élégance, n'en reste pas moins un homme simple et bienveillant. Par exemple, c'est en mémoire de sa femme défunte qu'il a choisi de conserver à son service l'ancienne nourrice et l'ancien valet de Madame Beaujon, en faisant d'eux respectivement la femme de charge et le portier de l'hôtel. De la même façon, lors de son acquisition de l'hôtel, Nicolas Beaujon n'eut pas le cœur de mettre à la porte le brave Joseph d'Hémery et sa luxuriante bibliothèque… Au contraire, il lui avait racheté ce trésor de papier pour près de 400 000 livres et lui avait permis de continuer à loger au palais et à profiter de la bibliothèque qui était désormais la sienne ! Preuve que l'argent, même lorsqu'il coule à flots, n'interdit pas l'humanité. Nicolas Beaujon devait d'ailleurs le prouver une nouvelle fois en 1783, lorsqu'il fait l'acquisition d'un terrain dans le faubourg du Roule, pour y élever un hospice destiné aux orphelins, le premier d'un genre nouveau – car ceux qui existent jusqu'alors ne sont rien d'autre que des prisons ou des mouroirs – dans lequel chaque enfant disposera d'un lit individuel. Le richissime banquier ne cache d'ailleurs pas ses idées et ses sympathies envers le petit peuple : dans un mémoire de sa plume, il estime qu'en toute logique, les impôts doivent peser davantage sur les gens riches que sur les pauvres, rejoignant en cela les idées de Jacques Necker, le ministre des Finances de Louis XVI. Bien sûr, notre homme ne s'oublie pas pour autant : à deux pas de son hôtel, dans le faubourg du Roule, il acquiert un vaste ensemble de terrains d'une superficie d'environ 12 hectares, où il fait édifier la fameuse « Folie-Beaujon », un domaine de plaisance comprenant d'immenses jardins, une chapelle, une « chartreuse » et un moulin, la résidence du propriétaire, qui prenait à l'extérieur l'aspect d'une chaumière rustique mais qui abritait des intérieurs d'un luxe et d'un confort inouïs.

Quelques siècles plus tard, la folie devient un lieu de promenade prisé des Parisiens. *Paris, vue de la Folie-Beaujon*, école française (XIXe siècle, collection privée).

Pour Nicolas Beaujon, la magnificence de sa chartreuse et de son hôtel compense une fin de vie difficile. Désormais âgé de plus de soixante ans, le banquier est devenu non seulement très gros, mais surtout impotent, presque sourd, à moitié aveugle et, comme si cela ne suffisait pas, insomniaque ! Ne se déplaçant plus que dans un fauteuil à roulettes, « il avait les mains et les jambes tellement enflées qu'il ne pouvait se servir ni des unes ni des autres », nous explique Élisabeth Vigée Le Brun, invitée à l'hôtel pour réaliser son portrait. Et s'il dispense encore de somptueux repas pour ses invités, le malheureux ne peut même

pas en profiter, car les médecins lui interdisent de manger autre chose qu'un brouet sans sucre ou des épinards bouillis ! L'une de ses rares consolations est de profiter de la compagnie de quelques jolies femmes logées à l'hôtel : ce sont les fameuses « berceuses » de Monsieur Beaujon. Mariées, mais toutes plus charmantes les unes que les autres, elles se nomment Madame de Falbaire, Madame de Martinville, Madame Taffard, Madame du Lys… et disposent chacune de leur appartement privé dans l'hôtel, de leur carrosse, de leurs gens de maison. Tout cela aux frais du généreux Beaujon, dont l'état de santé ne lui permet même pas de jouir des bonnes grâces de ces invitées permanentes. Quel était leur rôle alors ? Tout simplement, le soir venu, celui de « bercer » le propriétaire des lieux, victime d'insomnie chronique à cause des souffrances liées à la maladie. Laissons la baronne d'Oberkirch nous dépeindre ces scènes tragicomiques : « Il donnait des dîners dignes de Comus, il voyait manger ses convives, il sentait l'odeur des mets, et il ne touchait à rien. Il était entouré des plus jolies femmes de Paris, qui le traitaient tout à fait sans conséquence ; elles le lutinaient et l'agaçaient sans cesse. La moindre galanterie lui était défendue, les émotions lui étaient interdites. Le soir sa maison était pleine d'une joyeuse compagnie, le souper était étincelant, les mots et les bouchons se croisaient. Pendant ce temps, le propriétaire, ce Crésus envié de tous, était condamné à se mettre au lit, où il ne dormait pas à cause de ses souffrances. Ces dames se relayaient autour de lui, et l'une après l'autre le berçaient de leurs chansons, de leurs histoires, de leurs propos. D'où le nom de "berceuses de Monsieur Beaujon", qu'on leur donna fort généreusement. » Le lendemain, les « berceuses » recevaient de somptueux cadeaux de la part de leur bienfaiteur. Celui-ci craignait seulement la concurrence des amants que ne pouvaient manquer d'attirer de si charmantes jeunes femmes.

Pour les éloigner, il comptait tout simplement sur... les maris de ses berceuses, qui logeaient eux aussi à l'hôtel !

Épuisé par sa mauvaise santé, Nicolas Beaujon se retire finalement dans sa chartreuse du Roule en 1786. Il vend alors son hôtel à Louis XVI, tout en s'en réservant l'usufruit... dont il ne profitera que quelques mois. Le 20 décembre de la même année, entouré de quelques fidèles berceuses, il rend son âme à Dieu, à soixante-huit ans. Dès l'année suivante, la couronne procède à la vente du mobilier et des merveilleuses collections de l'hôtel. Comme l'avaient été ceux de Madame de Pompadour, les trésors patiemment réunis par Nicolas Beaujon sont éparpillés dans toute l'Europe.

Les « montagnes françaises » deviennent une attraction prisée de la Folie-Beaujon. Elles piqueront d'ailleurs l'intérêt d'une des locataires de l'Élysée... Paru dans *La Nature : revue des sciences et de leurs applications aux arts et à l'industrie*, Collection privée.

L'histoire secrète

LES PETITS MAUX DE MONSIEUR BEAUJON

Généreux commanditaire d'un hôpital pour enfants dans le faubourg du Roule, Nicolas Beaujon désirait orner le nouvel établissement d'un portrait de sa personne. Et pour le réaliser, qui mieux que la meilleure portraitiste de son temps, Élisabeth Vigée Le Brun ? Ne pouvant se déplacer lui-même, Beaujon la fit donc venir directement à son hôtel. Cela permit à l'artiste de visiter la superbe résidence de son client, dont elle nous a laissé une description très détaillée, accompagnée de quelques remarques sur la vie quotidienne de Nicolas Beaujon, alors très diminué par son état de santé et incapable de profiter des plaisirs dispensés dans son propre palais. Pour être tout à fait exhaustive s'agissant de la nature des désagréments subis par son client, elle y ajoute ce récit d'une scène entre un touriste anglais et l'un des valets de Monsieur Beaujon :

Un Anglais jaloux de voir tout ce que l'on citait comme curieux à Paris fit demander à Monsieur Beaujon la permission de visiter son bel hôtel. Arrivé dans la salle à manger, il y trouva la grande table dressée et, se retournant vers le domestique qui le conduisait :

« Votre maître, dit-il, doit faire une bien excellente chère ?

— Hélas, Monsieur, répondit le cicérone, mon maître ne se met jamais à table, on lui sert seulement un plat de légumes. »

L'Anglais passant alors dans le premier salon :

« Voilà du moins qui doit réjouir ses yeux, reprit-il en montrant les tableaux.

— Hélas, Monsieur, mon maître est presque aveugle.

— Ah ! dit l'Anglais en entrant dans le second salon, il s'en dédommage, j'espère, en écoutant de la bonne musique.

— Hélas, Monsieur, mon maître n'a jamais entendu celle que l'on fait ici, il se couche de trop bonne heure, dans l'espoir de dormir quelques instants. »

L'Anglais, regardant alors le magnifique jardin qui se déployait sous ses fenêtres :

« Mais alors, votre maître peut jouir du plaisir de la promenade.

— Hélas, Monsieur, il ne marche plus. »

Mandatée pour réaliser un portrait de Nicolas Beaujon, Élisabeth Vigée Le Brun décrit les tourments qu'il a endurés. *Autoportrait au chapeau de paille*, huile sur toile, Londres, National Gallery.

Dans ce moment arrivaient les personnes invitées à dîner parmi lesquelles se trouvaient de fort jolies femmes. L'Anglais reprend :
« Enfin, voilà plus d'une beauté qui peuvent lui faire passer des moments très agréables ? »
Le domestique ne répondit à ces mots que par deux « hélas ! » au lieu d'un et n'ajouta rien de plus.

L'Élysée mystique

Désormais en possession de l'hôtel, Louis XVI reprend l'idée de son grand-père et envisage d'en faire une résidence pour les ambassadeurs extraordinaires. Mais une fois encore, le palais attire les convoitises, tout particulièrement celle de Bathilde d'Orléans, une princesse d'une branche cousine de la famille royale. Le roi consent à lui vendre l'ancien hôtel d'Évreux, pour à peine plus de la moitié de la somme qu'il avait payée à Nicolas Beaujon ! N'est pas banquier qui veut...

Fille du duc d'Orléans, Bathilde avait été mariée à dix-neuf ans avec Louis Henri de Bourbon-Condé, le fils du prince de Condé, de cinq ans son cadet. Rapidement délaissée par son jeune mari, qui lui avait donné un fils, elle vivait cependant en bonne intelligence avec lui et avec son beau-père, dans le magnifique domaine de Chantilly. Malgré ce mariage sans amour, Bathilde était une jeune femme vive et pleine d'esprit, voire de malice. Malheureusement, ce tempérament se retourna contre elle le jour où elle composa, pour distraire son entourage, une brève pièce de théâtre mettant en scène un vieux seigneur asservi à une femme autoritaire et un jeune prince amoureux d'une

Bathilde d'Orléans (1750-1822).
Huile sur toile, d'après François-Hubert Drouais vers 1770, château de Versailles.

danseuse… deux rôles fortement inspirés par son beau-père et son mari, qui interprètent eux-mêmes les personnages en question lors de la représentation ! Lorsqu'ils s'aperçurent avoir été les dindons de la farce, Bathilde fut brutalement chassée de Chantilly et reniée par son mari comme par son beau-père. Cette rupture soudaine avec sa belle-famille, intervenue en 1780, avait profondément affligé Bathilde. Depuis, la princesse vivait la vie d'une femme mariée mais libérée de ses engagements. Son amant Alexandre de Roquefeuil, officier de marine victime d'une noyade, l'avait laissée enceinte d'une petite fille, Victorine-Adélaïde, qu'on s'efforça de faire passer pour sa filleule… Dans cette vie agitée, un aspect positif toutefois : Bathilde ne manquait pas d'argent. Son père le duc d'Orléans lui avait même laissé un héritage colossal, à hauteur de plusieurs millions de livres ! Cet héritage, Bathilde vient justement de le toucher lorsqu'elle jette son dévolu sur l'ancien hôtel d'Évreux, qu'elle acquiert en juillet 1787, quelques mois seulement après la mort de Nicolas Beaujon.

La splendide résidence devait à cette occasion être renommée à nouveau, mais pour la première fois, elle ne prend pas seulement le nom de sa propriétaire : Bathilde d'Orléans rebaptise les lieux « hôtel de l'Élysée-Bourbon », en raison de la proximité des Champs-Élysées et de son titre de duchesse de Bourbon. Cette appellation flatteuse ne sera toutefois pas suffisante pour faire oublier que l'ancien hôtel d'Évreux tombait cette fois entre les mains d'une personnalité controversée, que beaucoup perçoivent comme quelque peu fantasque, excentrique… voire à demi folle selon certains ! En réalité, la princesse de trente-sept ans est parfaitement équilibrée. Elle est même dotée d'un bel esprit, et d'un physique plutôt avantageux de l'avis général. Mais son tempérament spontané et inconséquent dénote quelque peu avec celui de la plupart des princesses de l'époque, de même que ses idées sociales et

Les enfants de Louis Philippe Ier d'Orléans : Louise Marie Thérèse Bathilde d'Orléans (1750-1822) et Louis Philippe II Joseph Duc d'Orléans, dit « Philippe Égalité » (1747-1793). Peinture de François Hubert Drouais (1727-1775), XVIIIe siècle, Saint-Pétersbourg, musée de l'Ermitage.

politiques, qui fleurent bon une révolution que personne ne voit encore venir… Enfin, et cette tendance ira grandissant, Bathilde est portée sur le mysticisme et le surnaturel, une croyance en vogue à cette époque mais qui trouvera en la princesse l'une de ses plus ferventes adeptes.

En attendant, la nouvelle propriétaire de l'Élysée-Bourbon agit comme tous ses prédécesseurs : elle remodèle le

Pour aménager le domaine à sa convenance, Bathilde s'inspire grandement du « Hameau » de Chantilly. *Vue du Hameau de Chantilly* par François Louis Français (1814-1897, Chantilly, musée Condé.

domaine à sa guise. Du moins dans les jardins où, cédant à la mode champêtre de l'époque, elle crée un véritable petit village d'opérette, avec chaumières, laiterie, moulin à eau… Tout bonnement la reproduction du célèbre Hameau de Chantilly, premier exemple de ce type de fabrique de jardins, bien avant le Hameau de la Reine créé par Marie-Antoinette à Versailles. Pour Bathilde, il s'agit non seulement de retrouver

les joies qu'elle avait connues à Chantilly, mais surtout d'offrir un cadre de jeu idéal à sa fille, la petite Victorine-Adélaïde, et peut-être aussi à son fils le jeune duc d'Enghien, déjà adolescent, qui lui rend visite chaque semaine. Pour le reste, Bathilde se contente de reprendre l'organisation des pièces telle qu'elle avait été définie par Beaujon, tout en remeublant richement l'ensemble.

Lors de séances collectives, Mesmer réunit ses patients autour d'un baquet afin de démontrer les effets du magnétisme auquel il prête des vertus curatives. Gravure sur cuivre, vers 1780, Paris, Bibliothèque nationale de France.

Mais si le cadre reste identique, le train de vie a bien changé. Malgré son immense richesse, Bathilde ne s'encombre pas d'une pléiade de domestiques : outre les gens de cuisine et de maison, deux dames de compagnie et un secrétaire lui suffisent. Surtout, fidèle à son caractère primesautier, la princesse vit à la manière d'une bourgeoise, très simplement, mettant l'étiquette de côté dès qu'elle le peut. Elle joue de la harpe, du clavecin, pratique la peinture, et se rend même aux cuisines pour surveiller la préparation des repas. À l'extérieur de l'hôtel, c'est mieux encore : la princesse sort incognito pour de longues promenades à pied avec une de ses dames de compagnie ou bien fréquente les boutiques à la mode de la rue Saint-Honoré. Le soir, avec ses amies, elle se rend au théâtre, à l'opéra, à la comédie italienne, au cirque… Et il faut même la retenir de fréquenter les cabarets du quartier des Porcherons, bien trop mal famés ! Partout, le public la reconnaît et l'apprécie, car la princesse ne se cache pas d'avoir les mêmes divertissements que la bourgeoisie parisienne.

Pour le moment toutefois, la princesse porte l'essentiel de son attention sur les sciences occultes, cédant en cela au goût de l'époque pour les expériences mystiques. Surtout, elle se fascine pour le célèbre Mesmer, qui prétend guérir toutes sortes de maladies à l'aide du « fluide universel », une substance censée remplir tout l'univers et dont la mauvaise répartition dans le corps humain serait à l'origine des maladies. Habituellement, les plus grandes personnalités se déplacent chez Mesmer, place Vendôme, pour assister à ses démonstrations, mais pour Bathilde, le grand « médecin » veut bien faire une exception : il se rend lui-même à l'Élysée, où il plonge plusieurs personnes dans un état de transe impressionnant… Bathilde se découvre des talents de magnétiseuse et n'hésite pas à imposer les mains sur des malades. Toujours plus passionnée par ces sciences occultes, la princesse devient l'amie personnelle de l'un des

L'Arbre de Buzancy. Le marquis de Puységur est l'un des précurseurs du magnétisme. Il est aussi réputé pour ses travaux sur l'hypnotisme. Gravure du XIXe ou XXe siècle, Collection particulière.

disciples de Mesmer, le marquis de Puységur, dont la spécialité est de plonger ses patients dans un état de « somnambulisme », c'est-à-dire – pour utiliser un terme plus moderne – de les hypnotiser, un exercice tout à fait nouveau à l'époque. Captivée, Bathilde se fait la plus ardente admiratrice de ces messieurs, dont les séances à l'Élysée se succèdent : transe, hypnotisme, imposition des mains… tout y passe ! Malheureusement pour elle, certaines démonstrations de Mesmer ayant été jugées contraires à la morale, une commission royale lui intime l'ordre de quitter la France. Qu'à cela ne tienne, Bathilde se rabat sur Claude de Saint-Martin, surnommé « le philosophe inconnu », qui pratique quant à lui un occultisme chrétien et prêche pour un christianisme transcendantal. La princesse s'en fait un véritable ami, au point de lui assurer un logement permanent à l'Élysée. Si bien qu'à longueur de soirées se déroulent de véritables séances d'occultisme, lors desquelles on s'efforce de communiquer avec les esprits, on invoque les morts, on fait de la magie, on stimule les hallucinations… le tout au beau milieu des salons qui seront plus tard le cadre solennel de tant de chefs d'État !

Nous voici au printemps de l'année 1789. Et tandis que l'Élysée résonne de ces divertissements que certains pourraient juger futiles, l'histoire est en marche. Bathilde n'en prend vraiment conscience que le 17 juillet lorsque, trois jours après la prise de la Bastille, sa belle-famille quitte le domaine de Chantilly pour fuir à l'étranger. La princesse ne le sait pas encore, mais elle ne reverra jamais son fils. Bathilde ne compte pas quitter l'Élysée, bien au contraire. N'ayant jamais caché ses convictions en matière d'ordre social, elle embrasse désormais l'idéal démocratique des révolutionnaires. Le 4 août, c'est même avec enthousiasme qu'elle assiste à l'abolition des privilèges. Elle est sans doute plus dubitative devant l'épisode du 6 octobre, lorsque la famille royale est ramenée de force

Charles Guillaume Ferdinand, duc de Brunswick (1735-1806), ennemi implacable des révolutionnaires. Huile sur toile d'Anna Rosina von Lisiewska (1713-1783).

de Versailles à Paris, en passant par les Champs-Élysées, juste devant le jardin de son palais… Mais pas de quoi décourager Bathilde, qui affiche son soutien à la Révolution en mettant un local de son palais à la disposition des soldats de la section des Champs-Élysées.

Bref, on l'aura compris, Bathilde d'Orléans n'est pas inquiète. D'ailleurs, son attention aux événements politiques est toujours distraite par son attrait pour l'ésotérisme, et particulièrement par les nombreux « prophètes » mystiques qui pullulent alors dans Paris. La princesse en accueille plusieurs à l'Élysée : Dom Gerle, un prêtre illuminé ; Miroudot du Bourg, évêque de Bagdad ; et surtout la prophétesse Catherine Théot, simple religieuse tiercelette d'origine périgourdine, qui prône le rejet du catholicisme pour la parole de l'Évangile. À demi démente, elle se mortifie de toutes les façons possibles, en mettant des cailloux dans son lit, des pointes dans ses chaussures, de la suie sur ses aliments, et même de la chaux vive sur son visage… Elle finira enfermée au château Saint-Ange à Rome, après avoir tenté, avec un brin d'optimisme… de convertir le pape !

En 1792, la Révolution prend un nouveau tournant. Au printemps, à deux pas de l'Élysée, une guillotine est dressée place de la Révolution, l'ancienne place Louis-XV, où la statue du souverain est remplacée par celle de la Liberté. La France, dont le roi n'est déjà plus le maître, est désormais en guerre contre l'Autriche, bientôt rejointe par la Prusse. Le 25 juillet est

La prise de la Bastille. Peinture réalisée vers 1790 par un artiste anonyme, Paris, musée Carnavalet.

Une exécution, *Place de la Révolution*, entre août 1793 et juin 1794. Huile sur toile de Pierre-Antoine Demachy (1723-1807), Paris, musée Carnavalet.

publié le manifeste de Brunswick, du nom d'un général prussien que Bathilde avait connu plus jeune dans le cadre paisible du domaine de Chantilly, et qui menace à présent de détruire entièrement Paris si l'autorité de Louis XVI n'est pas rétablie. Loin de décourager les révolutionnaires, cette menace met le feu aux poudres : trois jours après la prise des Tuileries, la famille royale est incarcérée à la tour du Temple. Cette fois (enfin ! pourrait-on dire), la princesse Bathilde commence à s'inquiéter. Elle comprend que le bonnet phrygien qu'elle se plaît à porter ne la protégera pas éternellement de la violence révolutionnaire. Et cela d'autant plus que son beau-père émigré, le prince de Condé, a pris la tête de l'armée des Princes, qui combat aux côtés de la

Prusse et de l'Autriche… Partagée entre son inquiétude et ses convictions, Bathilde reste cependant encore à l'Élysée, où elle cache quelques prêtres persécutés. C'est aussi à cette époque qu'elle choisit de se rebaptiser « citoyenne Vérité », cédant en cela à la mode du temps qui voulait que l'on troque son prénom d'origine chrétienne contre un prénom-concept. C'est ainsi que son frère, le duc d'Orléans, opposant de longue date au roi et élu à la Convention, choisit quant à lui « Égalité » pour devenir le Philippe Égalité que la postérité connaît désormais : c'est sous ce nom qu'il devait voter la condamnation à mort de Louis XVI, qui était son cousin.

Louis XVI au pied de l'échafaud, le 21 janvier 1793.
Huile sur toile par Charles Benazech (1767-1794),
musée national des châteaux de Versailles et de Trianon.

Malgré leurs convictions, Bathilde Vérité et Philippe Égalité sont en danger. La première a d'ailleurs pris la précaution de quitter l'Élysée pour se réfugier dans son château du Petit-Bourg, au sud de Paris. Mais la haine des révolutionnaires contre le prince de Condé l'éclabousse : on offre 10 000 livres à qui apportera la tête de son beau-père ou celle de son mari le duc de Bourbon, et 5 000 pour celle de son fils, le duc d'Enghien. Et lorsque le jeune duc de Chartres, le fils de Philippe Égalité, passe à son tour du côté de l'ennemi autrichien, c'en est fini de la famille de Bourbon : Bathilde et son frère sont arrêtés le 7 avril 1793 et immédiatement transférés à la prison du fort Saint-Jean, à Marseille.

À Paris, des scellés sont posés sur les portes de l'Élysée, qui est confié à un gardien. Bientôt, le palais est utilisé pour loger l'imprimerie du *Bulletin des lois*, avant d'être converti en hôtel des ventes, pour les biens saisis chez les émigrés. Les jardins, quant à eux, sont ouverts au public, moyennant toutefois de payer quelques deniers.

À l'automne, en pleine Terreur, le citoyen Égalité est ramené à Paris pour y être jugé et guillotiné. Sa sœur, la citoyenne Vérité, n'a que quelques mois de sursis… Peut-être est-ce le résultat de l'invocation des figures mystiques, esprits et forces surnaturelles en lesquelles elle porte foi, toujours est-il que la voici sauvée *in extremis* par l'arrestation de Robespierre le 27 juillet 1794, qui met fin à la Terreur. Rentrée au château du Petit-Bourg, elle multiplie alors les demandes auprès de la Convention pour récupérer son palais de l'Élysée, dont elle reprend enfin possession en janvier 1797, dans un contexte apaisé. L'excentrique aristocrate révolutionnaire a perdu des plumes, mais elle sort du moins saine et sauve de cette période tourmentée.

L'arrestation de Robespierre sonne la fin de la Terreur.

L'histoire secrète

FRANZ ANTON MESMER ET LE « FLUIDE UNIVERSEL »

Idole de Bathilde d'Orléans, qui l'invite à plusieurs reprises à l'Élysée, Franz Anton Mesmer est un médecin allemand, diplômé de l'université de Vienne en 1776. À la cour d'Autriche, il développe une approche nouvelle de la médecine. Selon lui, l'univers tout entier serait rempli d'un fluide subtil unissant tous les êtres et toutes les choses, mais impossible à saisir ou à voir, du même ordre que le lien existant en deux objets aimantés. Toutes les maladies résulteraient d'une mauvaise répartition de ce fluide à l'intérieur même du corps humain, et la guérison des malades tiendrait à la restauration de l'équilibre de ce fluide. Mesmer commence donc par utiliser un aimant sur ses malades pour diriger le fluide universel où il le souhaite et rétablir l'équilibre recherché. Bientôt, il juge l'aimant inutile, estimant que la simple apposition des mains arrive à des résultats tout aussi probants. C'est là sa théorie du « magnétisme animal », qui lui permet de guérir ses patients – surtout des patientes – en provoquant chez elles des crises de convulsions. Les autorités viennoises jugeant ces séances de transe peu compatibles avec les bonnes mœurs, Mesmer exporte ses talents à Paris, où il remporte rapidement un grand succès dans les hautes sphères de la société. Convaincu que tout un chacun est capable de canaliser le fluide universel et de le transmettre à autrui, il développe alors le principe de thérapies de groupe, capables d'augmenter la puissance de cette mystérieuse substance. Ce qui donne naissance à des scènes pour le moins curieuses, dont certaines se déroulent à l'Élysée même : dans une pièce fermée, un certain nombre de patients sont réunis, reliés par une corde attachée à la taille, autour d'un baquet rempli d'eau de limaille de fer magnétisée, dont émergent des tiges de fer articulées que chaque patient peut diriger sur les parties malades de son corps, tandis que Mesmer lui-même impose les mains sur ses patientes. Mais le pouvoir royal diligente des enquêtes sur ces séances quelque peu sulfureuses. Elles concluent que

Le magnétisme animal est vivement remis en question, voire tourné en ridicule. Ces expériences valent à Mesmer les foudres du pouvoir royal. Sur cette caricature, c'est un âne qui prodigue le traitement qu'il prétend miraculeux !

non seulement le « mesmérisme » contrevient aux bonnes mœurs, car les transes des patientes comportent une certaine dimension érotique, voire sexuelle, mais encore que les effets bénéfiques de séances ne reposent que sur ces satisfactions charnelles et sur l'imagination. La faculté de médecine lui ayant interdit d'exercer le magnétisme, Mesmer remballera bassines et grimoires, et finira par quitter la France en 1784.

L'Élysée, le café-concert de Paris

Lorsque Bathilde d'Orléans retrouve enfin l'Élysée, où elle s'installe avec sa fille et quelques fidèles amis, les temps ont bien changé. En réaction à la Terreur, dont le souvenir reste vif, la période s'est détendue. À Paris en particulier, on assiste un foisonnement culturel et une liberté de mœurs rappelant les grandes heures de la Régence, l'exubérance en plus. C'est l'époque des Incroyables et des Merveilleuses, représentants d'une jeunesse dorée au style vestimentaire extravagant.

Pour Bathilde en revanche, l'heure n'est plus à l'argent-roi. Sa fortune s'est évaporée avec la Révolution, et l'Élysée, usé par les affres cette période troublée, est en triste état. À défaut de lui rendre sa splendeur d'antan, elle aimerait au moins lui redonner un aspect décent ; il lui faut donc trouver d'importantes sommes. Un riche couple originaire de Courtrai, les Hovyn, montre de l'intérêt pour la belle demeure, où ils espèrent loger avec leur jeune fille. Pour Bathilde, la tentation est grande : après s'être enrichis de façon peu scrupuleuse grâce à un trafic de biens confisqués au clergé, les Hovyn sont prêts à payer sans compter. Faute

L'Incroyable et la Merveilleuse. (Directoire, 1795-1799.)
Gravure coloriée sur acier de Léopold Massard (1812-1889), d'après un dessin de Théophile Fragonard (1806-1876), dans *Les Français sous la révolution*, Paris, 1843. (Collection particulière.)

de mieux, Bathilde consent à leur louer le rez-de-cour de son palais, pour un énorme loyer annuel de 21 000 livres. De quoi vivre confortablement, et redonner un peu de lustre à l'hôtel. La fervente adepte d'ésotérisme et ses proches conservent évidemment tout l'étage de la demeure, où les séances d'occultisme et de spiritisme reprennent comme au bon vieux temps !

Malgré l'originalité de la propriétaire, les voisins du dessous s'ennuient terriblement. À l'affût d'une occasion de s'enrichir tout en s'amusant, ils se proposent de profiter du noble cadre du palais pour organiser des bals. Intéressée aux bénéfices, la princesse révolutionnaire donne son consentement. Épaulé de quelques associés, Monsieur Hovyn entreprend donc le réaménagement de la demeure, pour qu'elle soit apte à accueillir des fêtes somptueuses. Et à l'issue de plusieurs mois de travaux, le 21 juin 1797, une soirée inaugurale a lieu qui remporte un grand succès. La foule se ravit notamment d'un feu d'artifice, mais surtout d'un spectacle alors à la mode : le lâcher de ballon, avec à son bord un malheureux mouton, qui hurle à la mort ! La vie revient pour de bon à l'Élysée, où se produisent les vedettes de l'époque, tandis que, perruques blondes, coupes courtes et frisées à la manière des bustes romains, chapeaux immenses ou encore tuniques diaphanes à l'antique, les Merveilleuses rivalisent d'imagination mise au service de la volupté. Mais pour Bathilde, le bonheur est de courte durée : à la fin de l'été, devant l'agitation des monarchistes, le Directoire décrète l'expulsion vers l'Espagne des derniers survivants de la famille de Bourbon… Le 13 septembre, Bathilde doit donc quitter le palais de son cœur, escortée par deux gendarmes en direction de l'Espagne. Au moment de son départ, les Hovyn montrent une affliction qu'on s'efforcera de croire sincère.

Peut-être les Hovyn s'inquiétaient-ils tout simplement pour leur avenir à l'Élysée, car alors que la belle saison touche à sa fin, les bals ont déjà moins de succès. Surtout, l'État ne tarde pas à

Incroyables français, vers 1794. Gravure sur bois colorée, d'après une image contemporaine, n°10 de la série *Histoire de la mode*, Berlin, Archives des collections d'art et d'histoire.

organiser la vente de l'hôtel. Or, même avec ses partenaires en affaires, Monsieur Hovyn est bien loin de pouvoir réunir une somme suffisante pour acquérir l'édifice en propre. Mais le brave Flamand, qui se plaisait dans son nouveau rôle de cabaretier de luxe, est bien décidé à ne pas abandonner son affaire : il s'attache la confiance d'un riche investisseur, le citoyen Rougevin,

Deux merveilleuses, huile sur toile
par Hortense Haudebourt-Lescot (1784-1845),
Toulouse, musée des Augustins.

qui remporte les enchères et s'empresse de laisser l'usufruit de l'Élysée à Benoît Hovyn et à ses associés. Sans princesse pour les retenir, les voici libres d'entreprendre toutes les transformations nécessaires à leur activité. Au rez-de-cour en particulier, on installe dans les salons le célèbre glacier Garchy. Et comme l'été est revenu, les fêtes reprennent. On envisage même un lâcher de ballon tout à fait exceptionnel pour une soirée qui le serait autant, car à son bord se trouveraient non seulement un homme, mais aussi une femme, ce qui n'avait encore jamais été fait. Le gouvernement interdit cependant la manifestation, jugée indécente. La petite entreprise n'avait pas besoin de ce revers : le succès public n'étant décidemment pas à la hauteur des espoirs, Hovyn et ses associés ne rentrent pas dans leurs frais. Pis encore, on commence à se plaindre de la piètre qualité des spectacles, des boissons… et même de l'assistance, car la foule disparate qui la compose n'est pas issue que de la meilleure société ! Face aux récriminations des créanciers impayés, Hovyn en est réduit à vendre une partie du mobilier.

La situation du plus beau café-concert de Paris semble donc une fois encore désespérée, lorsque l'un des associés de Hovyn cède sa place au célèbre glacier vénitien Gaëtan Velloni, qui a à cœur de relancer l'affaire. Prenant les choses en main, il souhaite remettre à l'honneur le hameau champêtre créé par Bathilde dans les jardins, au point de rebaptiser tout l'ensemble « hameau de Chantilly ». Restaurées, réaménagées, les jolies chaumières de la duchesse de Bourbon deviennent un cadre idéal pour un café-concert en pleine nature. Pour l'ouverture, on promet au public de multiples jeux champêtres : balançoires, courses sur l'eau, jeux de bague, jeux de volants… Tout cela s'ajoute à une longue liste de friandises de toutes sortes : thés, cafés, chocolats, sorbets, mousses, vins, liqueurs… sans oublier les célèbres glaces à l'italienne de Velloni ! Les affaires reprennent, si bien qu'en 1801, Benoît Hovyn et sa fille Liévine sont bientôt capables de racheter les parts de leurs associés. Ils sont bien décidés à faire fructifier leurs affaires par tous les moyens possibles : théâtre de marionnettes, bains ou encore bibliothèque. Et pour ceux qui hésiteraient à pénétrer à l'intérieur du domaine, des échoppes sont aménagées le long du mur du jardin, avenue de Marigny. Surtout, comme l'étage du palais ne sert pas au café-concert, les Hovyn ont l'idée de reprendre le rôle qu'avait tenu pour eux la princesse Bathilde : celui de bailleur. Y sont donc aménagés pas moins de quinze petits appartements à louer, qui trouvent rapidement preneurs. Et il me faut d'emblée tordre le cou à une légende tenace : ces appartements ne servent nullement de chambres de passe. Les locataires qui les occupent

La société sous le Directoire dans le Galerie de Bois. Incroyables, Merveilleuses et immigrants. Tableau vers 1798 par Jean-François Bosio. (Paris, musée Marmottan.)

sont ici à demeure et appartiennent à la bonne société, voire à une ancienne noblesse quelque peu désargentée. On y croise ainsi Madame de Rooth, la veuve du maréchal de Richelieu ; le marquis de Champcenetz, autrefois major des Gardes suisses ; Jeanne de Lavaulx, issue de la vieille aristocratie lorraine ; Guillaume de Bonne-Carrière, un ex-diplomate jadis ami de Mirabeau… Le soir venu, ce beau monde ne dédaigne pas se réunir pour une partie de whist chez leur voisine, la duchesse de Richelieu ! Mais le plus célèbre des locataires est un petit garçon, le fils de Monsieur et Madame de Vigny, Alfred. Le futur poète, grand représentant du romantisme, se souviendra toujours de son enfance passée dans ce cadre prestigieux,

Le matin du 18 brumaire (9 novembre) 1799, aquatinte vers 1851, par Jean-Pierre Marie Mazet (1788-1871), Collection privée.

Portrait d'Alfred Victor de Vigny (1797-1863), auteur et poète français, représenté à l'âge de 17 ans arborant l'uniforme de la Maison du Roi. Tableau par François Joseph Kinston (1771-1839, Paris, musée Carnavalet.

et tout particulièrement du parc, où sa mère s'efforçait d'endurcir sa santé – la malheureuse avait eu à souffrir la mort de ses trois frères aînés – en baignant le petit Alfred dans l'eau des rivières du jardin, tel Achille plongé dans les eaux du Styx !

Si la location fonctionne à merveille, il n'en va pas de même du café-concert, qui ne rentre bientôt plus dans ses frais. Bien vite, le hameau de Chantilly n'ouvre plus que le dimanche et les jours de fête. Il faut dire que l'établissement souffre d'une concurrence redoutable dans le quartier : le parc d'attractions installé par Petronio Ruggieri – l'ancien artificier du roi, excusez du peu – dans les jardins de la « Folie-Beaujon », où devaient bientôt sortir de terre des « montagnes françaises », parmi les premières construites en France. Ces promenades aériennes, ancêtres des montagnes russes, permettaient aux heureux de dévaler des pentes à la vitesse enivrante de soixante kilomètres par heure à bord d'élégants wagonnets à trois roues – la folie porte bien son nom. Pour les Hovyn, il est impossible de lutter, d'autant que leur entreprise est grevée par une hypothèque… C'est avec le cœur lourd que, en cette année 1805, alors que la France a une nouvelle fois changé de régime, Liévine et son père se voient contraints de vendre. Reste à trouver un acquéreur. Celui qui se présente n'est autre que le beau-frère de l'empereur et le plus glorieux de ses généraux, Joachim Murat.

L'histoire secrète

INCROYABLES ET MERVEILLEUSES

En réaction à l'angoisse constante de la Terreur, l'atmosphère se détend considérablement durant le Directoire. Paris reprend vie et se libère ; théâtres et bals se remplissent à nouveau. Partout, on rit, on danse, on n'hésite plus à critiquer ouvertement ou à rosser les jacobins qui faisaient autrefois couler le sang sur le pavé. Comme pour concrétiser ce changement d'époque, une jeunesse dorée invente une mode vestimentaire totalement nouvelle, et pas toujours très heureuse. Qualifiés d'« Incroyables » en raison de l'abus de ce mot dans leurs conversations, les jeunes hommes portent des chaussures pointues qui ne sont pas sans rappeler les temps médiévaux, des culottes moulantes et mal ajustées qui font paraître leurs genoux cagneux, des redingotes exagérément courtes et bombées dans le haut du dos comme s'ils étaient bossus, une cravate démesurée qui semble cacher un goitre ou des écrouelles, parfois d'énormes binocles tels des myopes, le tout couronné par des chapeaux de toute forme mais réunis par leur aspect ridicule. Enfin, les cheveux sont portés longs sur les côtés mais relevés sur la nuque par un peigne en écho à la toilette des condamnés à mort. Pour parachever le tout, certains ne se déplacent pas sans un épais gourdin noueux, qu'ils surnomment leur « pouvoir exécutif » et dont ils se servent pour accabler de coups les jacobins. Enfin, comme si tout cela ne suffisait pas, ces Incroyables développent une façon de parler affectée, en prononçant les *r* roulés ou bien à l'anglaise !

Les « Merveilleuses » ne sont pas en reste. Plus élégantes que leurs malingres *alter ego* masculins, elles s'habillent à l'antique : vêtues de robes ou tuniques légères, imitant la toge, chaussées de sandales à la romaine qui font voir les bagues à leurs orteils, elles se coiffent à la grecque et portent des chapeaux aux bords démesurés. Certaines, enfin, vont jusqu'à s'habiller de toilettes si légères qu'elles en deviennent absolument transparentes, ne laissant pas de choquer d'une partie de l'opinion qui réprouve fermement ces exhibitionnistes !

Merveilleuse du Directoire. Lithographie couleur d'après un dessin d'Albert Robida (1848-1926). *Mesdames nos aïeules,* publié dans *Dix siècles d'élégances*, Paris (Librairie illustrée), 1891.

Les salons dorés de l'Élysée

Pour les nombreux locataires, l'achat de l'Élysée par Joachim Murat fut synonyme d'éviction, et réclament bien évidemment un confortable dédommagement. Le maréchal d'Empire, marié à la sœur de Napoléon, Caroline Bonaparte, ne souhaite pas se contenter du rez-de-chaussée : les deux époux comptent bien refaire de l'Élysée un véritable palais, à la hauteur de leurs rêves de grandeur.

À l'instar de son militaire de mari, la nouvelle maîtresse de maison est littéralement dévorée par l'ambition, et veut afficher très haut sa réussite. Or, après huit années de location et d'exploitation comme café-concert et de location, l'Élysée n'est pas au mieux de sa forme. C'est un chantier de grande ampleur qui s'annonce, sous la direction de deux architectes de renom, Barthélemy Vignon et Jean-Thomas Thibault. Si l'on met de côté le gommage des transformations effectuées par les Hovyn, la principale modification se trouve dans la création d'une vaste salle de bal, occupant toute la profondeur du corps principal, à l'ouest, en lieu et place de la salle à manger et de la chapelle préexistantes : c'est

Vue de l'enfilade des salons du rez-de-chaussée depuis le salon des aides de camp jusqu'au Salon des portraits.

Portrait de Caroline Bonaparte (1782-1839), princesse française, grand-duchesse de Berg et Clèves, reine consort de Naples, 1809, Pérouse, Galleria Nazionale dell'Umbria.

le fameux salon Murat, où plus tard se tiendront généralement les conseils des ministres sous la Ve République. Le décor peint est tout à la gloire du général, qui s'était illustré lors de la campagne d'Italie et l'expédition d'Égypte. Quatre grands tableaux représentent, mis sur un pied d'égalité, le Nil et les pyramides de Gizeh, le Tibre et le château Saint-Ange de Rome, la Seine et le château de Neuilly (une autre résidence du couple Murat), et enfin le Rhin et le château de Benrath, que Joachim Murat avait obtenu avec son titre de grand-duc de Berg. Une autre toile figure la princesse Caroline elle-même, tandis qu'une dernière, logée entre deux fenêtres, illustre la colonne Vendôme, que l'on vient d'ériger à la gloire des armées napoléoniennes.

Le pont et le château Saint-Ange à Rome, l'un des tableaux commandés par Murat pour la décoration de l'Élysée. Huile sur toile par Joseph Vernet (1714-1789), 1745, Paris, musée du Louvre.

Mais la transformation la plus importante est ailleurs : l'Élysée est enfin doté d'un escalier d'apparat digne de ce nom, qui porte aujourd'hui encore le nom de son commanditaire. Toute revêtue d'or fin, la rampe est constituée de couronnes de lauriers et de palmes de la victoire. On l'aura compris, l'ambiance n'est pas ici à la modestie ! À ce propos, Caroline se fait représenter une nouvelle fois sur les murs de l'escalier, au cas où les visiteurs n'auraient pas été rassasiés dans la salle de bal. Il n'empêche, avec Joachim et Caroline à la baguette, l'Élysée retrouve une superbe qu'on n'avait plus connue depuis le brave Monsieur Beaujon. Ce dernier n'aurait d'ailleurs certainement pas renié la collection de tableaux qui orne les salons, composée de toiles de Léonard de Vinci, Raphaël, Corrège, Véronèse, del Sarto… de somptueux souvenirs rapportés de la campagne d'Italie.

Ce besoin d'ostentation ne s'exprime pas que dans l'architecture et la décoration du palais. Alors que Caroline Murat raffole des robes hors de prix surchargées de perles, son mari est connu pour ses costumes particulièrement spectaculaires et tape-à-l'œil, au point que Napoléon surnomme son valeureux général « le roi Franconi », clin d'oeil à un célèbre directeur de cirque ! Dans les salons dorés de l'Élysée, on se pique d'une étiquette qui fleure bon l'Ancien Régime. Et pour mieux la respecter, on commande même à la comtesse de Rémusat un manuel de protocole ; mais à sa lecture, Joachim est déçu : il estime que tout cela reste bien sobre et manque quelque peu de pompe et de décorum ! Pour Caroline aussi, cette quête de respectabilité est essentielle, car elle n'ambitionne pas moins que de devenir reine. Elle est d'ailleurs fort désappointée que Napoléon n'ait octroyé à son mari que le grand-duché de Berg, en Allemagne, alors qu'il intronisait ses frères roi de Hollande et roi de Naples… Mais Caroline, douée sans doute du caractère le plus volcanique de la famille Bonaparte, ce qui n'est pas peu, n'avait pas encore dit son dernier mot.

Le salon Murat aménagé en 1807 par Joachim Murat ; peinture d'Horace Vernet. C'est dans cette pièce empreinte d'histoire que le traité de l'Élysée a été signé.

L'escalier Murat. Ce projet d'escalier d'honneur a été réalisé entre 1806 et 1808 par Barthélémy Vignon et Jean-Thomas Thibault pour Joachim Murat.

Portrait de Joachim Murat (1767-1815), vers 1801. Huile sur toile
par François Gérard, Versailles, château de Versailles.

Le général Jean Andoche Junot (1771-1813). Huile sur toile de Félix Philippoteaux. (musée national des châteaux de Versailles et Trianon.

Même en amour, « Maria-Annunziata Bonaparte » – c'est son nom de naissance – n'oublie pas ses ambitions. Et si elle forme avec Murat un couple amoureux et passionné, elle ne dédaigne pas agrémenter sa vie d'amants, qu'elle choisit en fonction de ses goûts comme de ses intérêts, tout cela en profitant des fréquentes absences de son militaire de mari, qui le lui rend bien de son côté… Gouverneur de Paris, le beau général Junot pourrait lui être utile. Caroline l'invite à l'Élysée, dont il va découvrir toutes les pièces jusqu'à la chambre de Madame… La liaison est bientôt connue de tous, car la voiture de l'heureux ne quitte plus la cour de l'Élysée. De tous, y compris de l'Empereur. Or, cette relation adultère de sa sœur avec celui qui fut l'un de ses plus proches amis déplaît fortement à Napoléon. Convoqué, Junot tente maladroitement de se défendre et se propose même de défier Joachim Murat en duel pour mettre fin au problème ! Mais vous pensez bien que Napoléon est peu enthousiasmé à l'idée de voir s'entretuer ses meilleurs généraux. La solution est donc toute choisie et pour le moins radicale : il préfère désigner Junot comme ambassadeur au Portugal, l'éloignant ainsi de Paris et de sa sœur.

Pour sa dernière soirée dans la capitale, Caroline Bonaparte aurait supplié son amant d'accepter un ultime rendez-vous à l'Élysée, tout en lui recommandant de venir bien armé, car Murat serait présent… La scène que je vais vous conter appartient à la légende, car ce qui s'est passé réellement cette nuit-là n'est connu que des deux protagonistes. D'après les récits les plus épicés, Caroline aurait plaisanté à l'oreille de son amant sur le fait que seules deux pièces séparaient sa chambre de celle de son mari, et qu'une porte fermée à clef ne lui résisterait pas bien longtemps dans le cas où il voudrait la rejoindre… Cette idée aurait fait perdre à Junot tous ses moyens, plongeant Caroline dans une colère noire. Furieuse, elle aurait hurlé au pauvre homme qu'elle espérait que son mari le trouve et le tue ! La dispute ayant fait regagner au général son courage et sa sève, les deux amants se seraient réconciliés en froissant les draps, et Junot n'aurait quitté l'Élysée qu'à cinq heures du matin !

Après ce dernier coup d'éclat de l'ex-gouverneur de Paris, Caroline jette son dévolu sur un bel et jeune ambassadeur autrichien, Clément de Metternich, qui pourrait lui assurer l'appui de l'Autriche une fois devenue reine. Elle n'hésite pas à inviter son amant à l'Élysée où elle tapisse son boudoir de pétales de roses pour l'accueillir. Même le « diable boiteux », Monsieur de Talleyrand, pourtant déjà âgé, n'échappe pas au numéro de charme de la princesse. Il n'en est d'ailleurs pas dupe, lui qui perçoit Caroline comme « la tête de Machiavel sur le corps d'une jolie femme » ! Joachim Murat n'ignore pas les agissements de son épouse, et il n'est soit dit en passant pas en reste de son côté, si bien que les murs de l'Élysée résonnent régulièrement de violentes disputes entre ces deux époux au caractère de feu.

Sous le « règne » de Joachim et Caroline Murat, le palais est aussi le théâtre de fêtes brillantes, comme il n'en connaîtra peut-être jamais plus. Tous les vendredis, la meilleure société de l'Empire se réunit à l'Élysée, pour des réjouissances qui durent souvent toute la nuit. Napoléon lui-même apprécie de s'y rendre, tout particulièrement lorsque le thème de la soirée est un bal masqué, car l'Empereur mettait un plaisir d'enfant à se déguiser… et à induire en erreur les invités qui le confondaient avec le peintre Isabey ! À ces réceptions ordinaires s'ajoutent de

Portrait de Klemens Wenzel, prince de Metternich (1773-1859). Huile sur toile de sir Thomas Lawrence (1769-1830), entre 1814 et 1819, Saint-Pétersbourg, musée de l'Hermitage.

Portrait de Jérôme Bonaparte (1784-1860) et sa femme Catherine de Wurtemberg (1783-1835), huile sur toile par François Gérard. (Collection privée.)

somptueuses fêtes, comme celle du 20 septembre 1807, donnée pour le mariage de Jérôme Bonaparte, le plus jeune frère de Napoléon, avec la princesse Catherine de Wurtemberg. Au programme : feux d'artifices, lâchers de ballon, et surtout un banquet pantagruélique organisé par le célèbre cuisinier Carême, qui a concocté soixante-quinze entrées et fait rôtir pas moins de vingt-quatre grosses pièces de gibier. Enfin, en l'honneur de la mariée, on avait construit dans le parc de l'Élysée un village souabe miniature qui fit son petit effet : la princesse de Wurtemberg se montra très émue de cette attention qui lui rappelait ses origines allemandes. Le succès de ces fêtes n'interdit pas quelques esclandres, comme lorsqu'en plein quadrille, Caroline s'aperçoit que l'une des participantes n'est autre que la maîtresse de son mari… et entre dans l'une de ses colères légendaires, hurlant à ses gens d'expulser la pauvre danseuse !

Le mariage du prince Jérôme Bonaparte et de la princesse Catherine de Wurtemberg, à Paris, 1807. (Versailles, musée historique.)

La princesse allait toutefois avoir bientôt quelque motif de se réjouir. En 1808, elle obtient au bout du compte de son frère une part de ce gâteau européen que se partage la famille Bonaparte… Son mari devient roi de Naples, et après tant d'années d'attente, la voici enfin reine – et qui plus est celle d'un royaume ensoleillé qui depuis le Moyen Âge n'a pas cessé d'attirer les convoitises des Français. Mais il y a une contrepartie : s'ils acceptent ce royaume, Joachim et Caroline doivent céder leur palais de l'Élysée – et tout son mobilier – à Napoléon lui-même, qui sera désormais plus présent qu'eux à Paris. La sœur de l'Empereur ne manque pas de protester, arguant non sans raison qu'elle a consenti d'énormes investissements pour la décoration intérieure du palais. Napoléon reste cependant inflexible et mandate à l'Élysée un commissaire pour réaliser l'inventaire. Caroline obtient seulement un délai de quelques jours, le temps de préparer son départ pour Naples sans trop de précipitation. Mais à son retour, l'envoyé trouve… un palais presque vide ! La princesse Caroline s'est empressée de faire évacuer l'essentiel du mobilier, ne laissant à son frère que le strict nécessaire. Il n'empêche : pour la première fois, l'Élysée allait devenir une véritable résidence d'État.

Catherine de Wurtemberg (1783-1835), reine de Westphalie,
vers 1808. Huile sur toile de Louis François Aubry, château de Fontainebleau.

L'histoire secrète

L'HISTOIRE DE FRANCE ENTRE QUATRE MURS : LE SALON D'ARGENT

Situé à l'extrémité de l'aile orientale de la demeure, du côté des jardins, le salon d'Argent est certainement l'un des lieux du palais les plus chargés d'histoire. Premièrement parce que la pièce, aménagée en 1807 pour Caroline Murat, a conservé depuis plus de deux siècles son décor d'origine, caractérisé par les boiseries et le mobilier réalisé par Jacob Desmalter, le meilleur ébéniste de son temps, et surtout par la couleur argentée du décor, doré à l'or blanc, qui a donné son nom au lieu. Depuis sa création, le salon a été très apprécié des locataires de l'Élysée, d'abord en raison de sa situation même, car dans ce palais où toutes les pièces sont disposées en enfilade, c'est l'une des rares qui ne donne accès à aucune autre. Le salon d'Argent est donc un endroit calme et discret, offrant une vue agréable sur les jardins. C'est ici qu'au lendemain de Waterloo, le 22 juin 1815, Napoléon signe son acte d'abdication. Sous la Restauration, le salon est très apprécié par la duchesse de Berry. Il l'est tout autant par Louis-Napoléon Bonaparte, qui vient s'y recueillir en mémoire de son oncle dès son arrivée à l'Élysée en 1848. Trois ans plus tard, c'est encore la pièce qu'il choisit pour réunir un dernier conseil secret en préparation de son coup d'État. Félix Faure, quant à lui, l'utilisait à des fins bien plus prosaïques : c'est là – et dans le salon Bleu – qu'il rencontrait ses maîtresses, ce qui fera dire à de Gaulle, apparemment peu ému par le souvenir de Napoléon, que cet endroit pour le moins chargé d'histoire n'était qu'un « vestige de lupanar ». Généralement intégré aux appartements privés du président, le salon d'Argent n'a accueilli le bureau présidentiel qu'une seule fois, au début de la IVe République, pour Vincent Auriol. En revanche, deux des premières dames le plus longtemps présentes à l'Élysée y ont installé leur cabinet : Danielle Mitterrand et Bernadette Chirac.

Vue du salon d'Argent au palais de l'Élysée du temps
de Caroline et Joachim Murat. Aquarelle
par Louis Hippolyte Lebas (1782-1867), 1810. (Collection privée.)

DAVID
FAC.

Le havre de paix de Napoléon

Désormais reine de Naples, Caroline Bonaparte doit céder non sans déchirement cet Élysée qu'elle aimait tant à son empereur de frère. Et lorsqu'il en prend officiellement possession en septembre 1808, Napoléon s'apprête à se rendre à l'entrevue d'Erfurt en Allemagne, après quoi il lui faudra enchaîner avec une guerre en Espagne. Ces menues affaires l'ayant tenu éloigné de Paris, il ne peut emménager qu'en février de l'année suivante dans le palais que l'on nomme maintenant l'Élysée-Napoléon. L'Impératrice Joséphine et sa fille Hortense, que Napoléon avait adoptée, l'y avaient précédé de quelques mois.

Elles en occupent toutes deux le premier étage, tandis que le second, sous les combles, est réservé aux bambins d'Hortense. Napoléon, lui, devait s'installer dans l'aile orientale, celle des petits appartements de Monsieur Beaujon. Cette demeure, l'Empereur ne l'habitera jamais plus de quelques semaines d'affilée, mais il y trouve un havre de paix réparateur entre deux campagnes. Et s'il estime le jardin trop rempli et trop désordonné à son goût, il apprécie

Portrait de Napoléon Bonaparte dans son bureau des Tuileries. Huile sur toile de Jacques-Louis David (1748-1825), vers 1812. (Collection privée.)

ce petit palais à échelle humaine, bien moins pompeux que les Tuileries qu'il habitait jusque-là, et l'ambiance presque familiale qui règne à l'intérieur, en particulier grâce aux jeunes enfants d'Hortense de Beauharnais.

Des enfants, justement, Napoléon désespère d'en obtenir de l'Impératrice. Lorsqu'il apprend que l'une de ses maîtresses – une dame d'honneur de Caroline – est enceinte de ses œuvres, le doute n'est cette fois plus permis : l'infertilité vient de Joséphine. Et comme l'Empereur n'est pas homme de demi-mesure, il prend le parti de répudier l'impératrice. Le divorce est prononcé le 15 décembre 1809, devant la

La rencontre d'Erfurt. Tableau par Nicolas Louis François Gosse (1787-1878). (Versailles, musée national des châteaux de Versailles et de Trianon.)

famille Bonaparte au complet et au terme d'une cérémonie solennelle dans le grand cabinet, aux Tuileries. À cette date, Joséphine n'habite déjà plus l'Élysée, que Napoléon a réquisitionné pour accueillir le séjour du roi de Saxe pendant quelques semaines… à la grande déception de Joachim et Caroline Murat, qui espéraient pouvoir loger dans leur ancienne demeure pour leur vacance parisienne ! Mais alors que Joséphine se morfond seule au château de Malmaison, le roi de Saxe finit par quitter le palais et les Murat reprennent possession de l'Élysée durant tout le mois de janvier 1810. On se croit revenu quelques années plus tôt, car sur ordre de Napoléon, qui souhaitait que

son divorce n'apparaisse pas comme un événement malheureux, les fêtes reprennent, toujours sous l'égide de Caroline. Au terme du mois et de ce gai voyage dans le temps, le roi et la reine de Naples retournent en leur royaume.

Sans doute parce qu'il se sentait coupable de l'avoir répudiée avec si peu d'égards, Napoléon redouble alors d'attentions pour Joséphine, qui conserve non seulement son titre d'impératrice, mais se voit encore offrir en propre et pour elle-même le château de Malmaison et l'Élysée, qu'elle réintègre sitôt les Murat partis. Malheureusement, une impératrice déchue n'intéresse pas les courtisans, si bien que Joséphine reste seule dans son palais qui abritait autrefois sa famille. Elle ne tiendra guère plus d'un mois avant de regagner la Malmaison, où la solitude lui pèse moins. Dans l'intervalle, l'Empereur avait eu le temps de signer son contrat de mariage avec Marie-Louise d'Autriche – qui ne tarderait pas à lui donner un fils – et d'installer à Paris sa maîtresse Marie Walewska, enceinte de ses œuvres. On comprend que Joséphine se soit sentie de trop, malgré les nombreuses lettres que lui écrit assidûment Napoléon, toujours aux petits soins.

Joséphine finissant par délaisser tout à fait l'Élysée, l'Empereur se permet d'en reprendre possession en février 1812, pour s'y installer avec sa nouvelle famille : l'impératrice Marie-Louise et le petit roi de Rome, âgé d'un an à peine. Vous l'aurez maintenant compris, chaque emménagement est l'occasion toute trouvée pour repenser le palais. On en profite alors pour faire quelques travaux, à commencer par la création d'une nouvelle chapelle, dont l'impératrice élevée dans la rigueur catholique autrichienne n'aurait su se passer. Napoléon, quant à lui, avait pris soin au temps de son premier mariage de faire édifier un petit escalier menant directement de ses appartements à ceux de Joséphine, dont il est toujours très épris... Quant aux combles du deuxième étage, ils sont luxueusement aménagés pour

L'Impératrice Joséphine en robe de cour à chéruques. Huile sur toile réalisée vers 1805 par Robert Lefèvre, Rueil-Malmaison, musée du Château.

accueillir le roi de Rome, ainsi que sa gouvernante Madame de Montesquiou, qui dispose d'une chambre, d'une salle à manger et même d'un salon. Mais une fois encore, l'Empereur ne devait pas profiter longtemps de cette vie de famille. Dès le mois de mai, il s'élance en direction de la Russie, à la tête de plus de six cent mille hommes, et lorsqu'il revient à Paris en décembre, il est quasiment seul, et ses épaules semblent chargées d'un poids qu'on ne leur a jamais vu si lourd : en quelques semaines, l'hiver russe avait anéanti la plus grande armée d'Europe.

Au printemps suivant, Napoléon peut profiter d'une courte pause au palais de l'Élysée, quelques jours seulement, le temps d'investir Marie-Louise régente de l'Empire en son absence. Dès le 7 avril, il quitte à nouveau le doux confort de son foyer pour la campagne d'Allemagne, qui ne sera guère plus victorieuse que celle de Russie… Quant à celle de France, elle ne fait que ralentir l'avancée des troupes alliées, qui entrent dans Paris le 31 mars 1814, quelques jours avant que Bonaparte ne signe sa première abdication au château de Fontainebleau. Et tandis que l'Empereur déchu s'apprête à partir pour l'île d'Elbe, dans la capitale occupée où se pressent le tsar Alexandre Ier, le roi de Prusse, ou encore le prince de Schwarzenberg, chacun cherche sa place… C'est ainsi que le souverain russe jette son dévolu sur une demeure qui vous est maintenant très familière et que l'on sait convoitée de tous : l'Élysée, bien évidemment. Un léger contretemps toutefois à cette installation : une lettre anonyme prétend que le palais est miné, et deux ingénieurs le fouillent de fond en comble avant que l'empereur de toutes les Russies puisse y poser ses malles. Lorsqu'il pénètre dans le cabinet de travail de Napoléon – l'actuel salon des Portraits –, Alexandre Ier lance pensivement : « Combien d'entreprises mémorables ont été conçues et méditées dans ce modeste cabinet… » Le tsar n'imaginait pas, à ce moment, que Napoléon aurait encore l'occasion d'en méditer ici quelques-unes dès l'année suivante…

Revenu de l'île d'Elbe suite à une campagne triomphale, l'Empereur pénètre dans Paris le 20 mars 1815. Son frère Joseph, l'ancien roi d'Espagne, s'installe alors momentanément à l'Élysée, mais dès le mois qui suit Napoléon l'invite à déménager… afin qu'il puisse lui-même en prendre possession ! Mais une fois encore, son repos sera de courte durée : à peine six semaines après son emménagement, Bonaparte quitte le palais

Portrait d'Hortense de Beauharnais enfant. Elle est la fille de l'Impératrice Joséphine de Beauharnais et la mère du futur Napoléon III. Tableau par François Gérard (1770-1837), XVIIIe siècle, Avignon, musée Calvet.

pour la campagne de Belgique, où il devait voir les armées de toute l'Europe s'abattre contre lui. Quelques jours après Waterloo, le 21 juin, l'Empereur vaincu pénètre pour la dernière fois dans sa demeure parisienne. À bout de forces, pressé de toutes parts, il prend le temps de s'accorder un bain, pour profiter une ultime fois de ce qui fut pour lui un havre de paix. Toute la nuit, après avoir fait ses adieux à sa « femme polonaise » Marie Walewska

Marie-Louise portant le roi de Rome à Napoléon Ier pendant le repas de l'Empereur. Huile sur toile, d'Alexandre Menjaud (1773-1832), 1812, Versailles, musée national des châteaux de Versailles et de Trianons.

et à son fils, il est torturé par un dilemme : faut-il poursuivre le combat et instaurer une dictature provisoire avec le soutien du peuple, ou bien abdiquer à nouveau ? Aux grilles du palais, les Parisiens acclament l'Empereur, mais celui-ci se résout à la sagesse : dans le salon d'Argent décoré autrefois par sa sœur, il signe sa fameuse seconde abdication, synonyme pour lui d'un nouvel exil.

Vue partielle du salon d'Argent. Décoration intérieure, réalisée en 1806 pour Caroline Murat, sœur de Napoléon Ier ; mobilier en or blanc de François-Honoré-Georges Jacob-Desmalter (1770-1841).

Mais l'Empereur ne quitte pas pour autant immédiatement l'Élysée. Deux jours s'écoulent encore où Napoléon continue de recevoir ses partisans, et d'observer – désormais impuissant – le cours de l'histoire qui défile sous ses yeux. Le 25 juin, son dernier dîner dans la demeure parisienne est pris en tête à tête avec Hortense. Napoléon brûle ensuite quelques papiers, puis quitte le palais. Pour éviter la foule qui pourtant lui lance des vivats rue Saint-Honoré, il traverse le parc à pied jusqu'à la porte donnant sur les Champs-Élysées. À bord d'une voiture, l'Empereur déchu remonte l'immense avenue en direction de l'Arc de Triomphe célébrant les victoires de la Grande Armée et dont – comme un symbole – la construction qu'il a lui-même initiée reste inachevée. Après quelques jours à la Malmaison, Napoléon sera conduit sous bonne escorte au port de Rochefort et de là embarquera pour une destination encore inconnue de lui, mais dont le nom est désormais inscrit en lettres indélébiles dans notre histoire : Sainte-Hélène.

L'histoire secrète

UN CONCURRENT POUR L'ÉLYSÉE : LE CHÂTEAU DE RAMBOUILLET

Le château de Rambouillet fut longtemps le compagnon indissociable de l'Élysée, une véritable maison de campagne pour les présidents, qui y passèrent de longs mois durant l'été. Aux origines de l'édifice se trouve un simple manoir, existant dès le milieu du XIVe siècle et transformé en un véritable château fort sous Charles V. Bien qu'il appartienne à la famille d'Angennes, le château est déjà fréquenté par les rois, désireux de profiter des chasses de la forêt de Rambouillet. François Ier lui-même y séjournait, et c'est d'ailleurs ici qu'il rend son dernier souffle en 1547. Considérablement modifié au début du XVIIIe siècle, le château est finalement acheté par la couronne en 1783. Pour contenter Marie-Antoinette, qui surnomme la demeure « la gothique crapaudière », Louis XVI y fait aménager une laiterie, une grotte, et des jardins dans le style pittoresque que la reine apprécie tant. Remis en état par Napoléon, le château accueille toujours des visites régulières des souverains jusqu'au règne de son neveu. Au début de la IIIe République, on envisage un temps de transformer l'édifice en hôpital, mais les présidents reprennent finalement la tradition monarchique des chasses à Rambouillet – car pourquoi se refuser le faste des rois ? En 1896, après l'avoir aménagé pour accueillir ses séjours estivaux, Félix Faure donne au château le statut de résidence présidentielle. Dès lors, tous les hommes occupant la fonction suprême profiteront de l'hospitalité du château en été – parfois durant près de quatre mois ! –, et ce jusqu'à René Coty, dont la femme Germaine décédera au château. La tradition des chasses présidentielles se maintient sous la Ve République, bien que les présidents eux-mêmes y trouvent plus ou moins d'attrait : si Georges Pompidou et Valéry Giscard d'Estaing y participent avec délectation, le général de Gaulle se contente quant à lui d'observer le spectacle… et de

Le grand salon du château de Rambouillet est orné de marqueteries attribuées à Verbeck. Le mobilier Louis XV est de D. Delant et F. Folliot.

commenter avec un malin plaisir les échecs des tireurs ! Le lieu sert aussi de résidence à certains chefs d'État étrangers, comme Boris Eltsine, Hosni Moubarak ou Nelson Mandela. En 1975, le château de Rambouillet a même accueilli le tout premier sommet du G6.

Le retour de l'Élysée-Bourbon

Une semaine après le départ de Napoléon, l'histoire semble se répéter. Les alliés entrent dans Paris et, une nouvelle fois, le tsar Alexandre Ier loge à l'Élysée. À croire que lorsqu'on y goûte, on ne quitte plus la demeure ! Une fois le souverain russe parti, l'ancienne résidence de l'Empereur est attribuée au duc de Wellington, principal artisan de la défaite de Waterloo. Fasciné par son ancien adversaire, l'Anglais passait de longues heures à méditer dans l'ancien cabinet de travail de Napoléon. Enfin, comme l'année précédente, les alliés sont suivis à bonne distance par le prudent Louis XVIII, qui avait piteusement fui la capitale à l'approche de son rival, et qui la regagne une fois assuré que le moindre danger est écarté. Ainsi la période de la Restauration s'ouvre-t-elle.

Vous le savez bien, je n'en doute pas, pour rétablir une monarchie pérenne, il faut asseoir une dynastie. Or, l'imposant Louis XVIII n'a pas d'enfant, pas plus que son neveu et plus proche héritier, le duc d'Angoulême. Tous les espoirs reposent donc sur le deuxième neveu du roi, Charles Ferdinand de Bourbon, duc de Berry.

L'Élysée-Bourbon vers 1815-1820. Gravure d'Henri Courvoisier-Voisin (1757-1830), Paris, musée des Arts décoratifs.

Un célibataire de trente-huit ans, qui a déjà obtenu deux filles de sa maîtresse anglaise, Amy Brown. Le 17 juin 1816, en la cathédrale Notre-Dame, il épouse en grande pompe Marie-Caroline de Bourbon, princesse des Deux-Siciles, âgée de dix-sept ans. Un beau parti : le père de la mariée, Ferdinand des Deux-Siciles, avait récupéré son royaume de Naples aux dépens des Murat à la chute de l'Empire. En guise de cadeau de mariage, Louis XVIII accorde aux jeunes époux le palais de l'Élysée, qui reprend pour l'occasion son nom d'Élysée-Bourbon, déjà porté du temps de Bathilde d'Orléans. Une fois n'est pas coutume, la décoration n'est pas vraiment revue pour l'occasion, seuls les symboles de l'Empire, comme les abeilles impériales, sont supprimés.

Les deux époux ont vingt ans d'écart, et ne sont ni Vénus ni Apollon : le duc de Berry a le visage joufflu et les yeux globuleux, tandis que Marie-Caroline, qui ne dépasse pas un mètre cinquante, louche et marche les pieds en dedans. Mais contre

Wellington à Waterloo. Huile sur toile, non datée,
par Robert Alexander Hillingford (1828-1904), Londres, Sotheby's.

Coussin utilisé lors du sacre de Napoléon Ier. Au centre, le motif de l'abeille impériale est brodé au fil d'or.

toute attente, ces noces arrangées semblent devenir rapidement un mariage heureux, tout indiquant que le couple partage un amour profond et une réelle complicité. Bien sûr, le duc de Berry ne renonce pas à ses maîtresses, à commencer par Amy Brown, mais aussi la danseuse Virginie Oreille, ou encore de simples soubrettes… Il n'en témoigne pas moins de nombreuses attentions pour sa femme, qui se voit offrir notamment un piano Érard, marque de grand prestige fondée par Sébastien Érard et dont le siège était à l'origine installé – comme un signe du destin – rue de Bourbon. On demandera à l'aumônier du palais d'en jouer pour que les époux puissent faire quelques pas de valse lors des soirées qui s'écoulent dans la bonne humeur et la sincérité. À l'Élysée, le temps est loin où les Murat se piquaient d'une étiquette pompeuse : le duc de Berry et sa femme vivent bourgeoisement et simplement. Quel contraste avec le protocole pesant qui règne pendant ce temps aux Tuileries ! Souvent, le duc et la duchesse de Berry n'hésitent pas à franchir les grilles du parc pour poursuivre leur promenade sur les Champs-Élysées, à pied, au milieu des badauds. Un jour, surpris par l'orage, ils profitent même du parapluie d'un brave bourgeois qui passait par là. Pour ses sorties, le couple n'hésite pas à se montrer au cirque, car Marie-Caroline raffole des numéros mettant en scène des animaux savants. Elle demande même à essayer les fameuses « montagnes françaises » des jardins Beaujon, ce dont elle est dissuadée car l'attraction est trop mal fréquentée.

La Duchesse de Berry, Marie-Caroline de Bourbon (1798-1870), peinte vers 1820-1822 par François Gérard (1770-1837). (Collection privée.)

Signe de l'amour sincère qui règne entre eux, la duchesse connaît quatre grossesses en quatre ans. L'Élysée se transforme en une véritable maternité, et la venue d'un héritier est d'autant plus espérée que la monarchie de Louis XVIII devient fort impopulaire. C'est pourquoi, à chaque fois que Marie-Caroline met au monde un nouvel enfant, la famille royale et la cour se précipitent au grand complet pour assister à l'événement, tandis que les meilleurs médecins se pressent auprès d'elle. Au premier accouchement, à peine le cordon ombilical coupé, c'est au roi en personne que l'on confie le nouveau-né. À vrai dire, le souverain est un peu déçu : c'est une fille. Mais lorsqu'il l'annonce à Marie-Caroline, celle-ci lui répond avec optimisme : « Eh bien, sire, le prince dans un an ! » Malheureusement, le nourrisson ne devait survivre que quelques heures. La deuxième grossesse sera tout aussi triste : Marie-Caroline accouche trois mois avant terme d'un enfant mort-né. Un an plus tard, enfin, tout se passe pour le mieux et le bébé est viable… mais c'est encore un enfant du beau sexe !

Ces échecs successifs pèsent sur l'humeur du duc de Berry, qui devient morose et irritable. Il reproche à Marie-Caroline ses enfantillages, comme cette habitude qu'elle a prise de se déplacer en sautillant d'un pied sur l'autre, comme une petite fille. D'après les médecins, ce genre de manie ne peut être que néfaste au bon déroulement des grossesses, tout comme la pratique de la danse d'ailleurs, dont on tente de dissuader Marie-Caroline. Mais l'absence d'héritier n'est peut-être pas la seule cause de l'humeur maussade du duc de Berry qui réprouve fermement la politique libérale du roi et de son ministre Decazes, ce qui lui vaut de tomber en défaveur, et même de recevoir des lettres de menaces, au point qu'il doive faire doubler la sécurité autour de lui. Quant à Marie-Caroline, elle est de plus en plus chagrinée des infidélités de son mari. Et lorsqu'au début de l'année 1820, la duchesse est à nouveau enceinte, on lui interdit tout : trajets en voiture, réceptions, spectacles… même d'emprunter les escaliers ! En réaction, fidèle à son caractère quelque peu enfantin, Marie-Caroline boude. Finalement, le 13 février, pour faire plaisir à sa femme dont il est toujours amoureux, le duc de Berry accepte de l'accompagner à l'opéra, où l'on donne *Le Carnaval de Venise*. À la sortie du spectacle, alors qu'il s'apprête à remonter dans son carrosse où Marie-Caroline l'attend, le duc de Berry pousse

Le mariage de Marie-Caroline de Bourbon, princesse des Deux-Siciles et Charles-Ferdinand, duc de Berry, fresque par Louis Nicolas Lemasle (1788-1876), Naples, musée de Capodimonte.

un grand râle. Baissant les yeux vers sa poitrine, il y voit, fiché jusqu'à la garde, un poinçon de tailleur. Malgré sa surprise et sa douleur que l'on imagine immense, le duc parvient à arracher l'alêne, avant de tomber en syncope. Transporté à l'intérieur du théâtre, le duc de Berry, dont les grosses joues ont perdu toute couleur, agonisera durant sept longues heures. Au petit matin, il rend l'âme dans les bras de son épouse bien-aimée, qui aura été à ses côtés jusqu'au bout. L'auteur de l'attentat est un certain Pierre Louvel, ouvrier bonapartiste qui prétend « éteindre la race des Bourbons ».

Mais des Bourbons, il reste au moins Marie-Caroline qui, durant cette terrible épreuve qui l'a vue assister aux effroyables souffrances de son cher mari, a montré un grand courage. Ramenée à l'Élysée à l'aube, elle perd toutefois tout contrôle d'elle-même. Au milieu des pleurs et des cris, elle se jette à genoux près du lit conjugal, puis court dans la chambre de Louise et la serre si fort contre elle que la fillette commence à

Ci-dessous : *L'Assassinat du duc de Berry*. Paris, 13 février 1820,
le duc est poignardé par le sellier Pierre Louvel à la sortie de l'Opéra.
Aquatinte d'époque colorée, par Charron,
Berlin, Archives des collections d'art et d'histoire.

Charles Ferdinand duc de Berry, deuxième fils du comte d'Artois (1778-1820). Peinture de 1819, de François Gérard (1770-1837), Versailles, musée national des châteaux de Versailles et de Trianon.

La duchesse de Berry présente son fils, le duc de Bordeaux, au peuple et à l'armée en présence du roi Louis XVIII. Tableau par Charles Lafond, vers 1821, Versailles, musée national des châteaux de Versailles et de Trianon.

sangloter… Il faut qu'on intervienne pour les séparer. Marie-Caroline s'empare alors d'une paire de ciseaux et se coupe les cheveux : ils pourront accompagner son mari dans le cercueil. Après quelques heures d'un sommeil d'épuisement, la jeune veuve reçoit le lendemain les condoléances de tous les grands du royaume.

Refusant de passer une nuit de plus dans le palais de l'Élysée, où tout lui rappelle son mari assassiné, Marie-Caroline quitte ce lieu où la vie avait été heureuse. Le 29 septembre, c'est aux Tuileries qu'elle accouchera de la progéniture posthume Charles Ferdinand de Bourbon. Enfin, c'est un fils, « l'enfant du miracle », comme on le surnommera. L'assassin du duc de Berry avait échoué.

L'histoire secrète

À BAS LE PROTOCOLE

Charles n'a que faire du protocole et encourage sa femme à faire ce qu'il lui sied, sans se soucier du qu'en-dira-t-on. Ainsi Marie-Caroline peut-elle laisser libre cours à ses passions pour la danse et le jardinage : on lui installe des jardinières dans les embrasures des fenêtres, et la duchesse se plaît à cultiver elle-même ses fleurs avec une petite bêche en argent et un arrosoir en porcelaine de Sèvres. Sincèrement amoureux, le couple effectue de longues promenades bras dessus bras dessous dans le parc et, chose encore jamais vue à l'Élysée, les deux époux se tutoient, même en public.

Le duc et la duchesse de Berry à la ménagerie du Jardin des Plantes, tableau par Jean-Baptiste Berré, vers 1820. (Collection particulière.)

L'antichambre d'un coup d'État

Après le drame de février 1820 qui a vu périr l'un de ses plus joyeux propriétaires, l'Élysée reste globalement inoccupé. Mais trois fois par semaine, les murs endormis retrouvent de leurs clameurs d'antan et les couloirs vides s'égaillent : des enfants viennent y prendre des leçons d'agrément et jouer dans le parc. Ces charmantes petites têtes blondes, ce sont Charlotte et Louise, les filles que le duc de Berry avait eues de sa maîtresse Amy Brown, et que Marie-Caroline, après l'odieux attentat contre son mari, a généreusement adoptées. Les deux orphelines de père ont même été dotées de duchés par Louis XVIII. Parfois, l'enfant posthume du couple, Henri, et sa sœur aînée Louise viennent également jouer dans les jardins. Pendant quelques années, c'est l'Élysée des enfants, comme un souvenir des jours heureux.

Durant les deux décennies suivantes, le palais ne devait plus être occupé qu'à titre occasionnel : Louis XVIII puis Charles X le prêtent à quelques souverains ou sommités pour leur passage à Paris, comme l'infant Don Miguel du Portugal, ou le roi François Ier des Deux-Siciles, le père de Marie-Caroline. La révolution de Juillet ne change rien à la destination de l'Élysée, à ceci près que les séjours

Portrait de l'empereur Napoléon III. (Collection Privée.)

se font plus fréquents. Le roi Louis-Philippe y loge ainsi Albert de Saxe-Cobourg-Gotha, futur prince consort de la reine Victoria ; le duc de Wurtemberg, neveu du roi des Belges ; Bernard de Saxe-Weimar-Eisenach, bourreau de Napoléon à Waterloo ; ou encore le généralissime égyptien Ibrahim Pacha.

Depuis un quart de siècle, l'Élysée demeurait indifférent à la valse des régimes. Mais en 1848, le renversement de Louis-Philippe et la proclamation de la IIe République devaient faire basculer à tout jamais le destin du palais. Dès l'été, le changement s'annonce : plutôt que d'être réservé au séjour de sommités étrangères, la bâtisse que l'on nomme désormais l'Élysée-National s'ouvre au public. Dans les jardins sont donnés des concerts, et surtout une kermesse, avec baraques foraines, jeux et feux d'artifice. Mais comme du temps des Hovyn, le succès s'essouffle dès l'automne, et il faudra trouver une nouvelle vocation à la séculaire demeure…

Or, en ce mois de novembre 1848, la France républicaine est en campagne : en accord avec la toute jeune Constitution se prépare l'élection – au suffrage universel masculin – du tout premier président de la République. Parmi les candidats, quelques grandes figures, à commencer par Cavaignac, le chef du gouvernement provisoire, ou encore Raspail, Ledru-Rollin et le poète Lamartine. Mais surtout un nom aux consonances familières : Louis-Napoléon Bonaparte. Fils d'Hortense de Beauharnais et de Louis Bonaparte, donc neveu de Napoléon, notre homme connaît déjà l'Élysée pour y avoir habité dans sa petite enfance. Depuis, sa vie n'avait pas été de tout repos. Exilé en Suisse avec sa mère après la chute de l'Empire, il était devenu héritier présomptif du trône impérial suite à la mort de son cousin et de son frère aîné. Hanté par l'épopée de son oncle, il s'essaie, âgé de vingt-huit ans, à un premier coup de force en soulevant la garnison de Strasbourg, ce qui lui vaudra un séjour forcé aux Amériques. Quatre ans plus tard, il organise depuis Londres une seconde tentative de coup d'État, mais son débarquement à Boulogne-sur-Mer échoue lamentablement. Blessé, il est emprisonné – non sans confort, rassurez-vous – dans la forteresse de Ham, dont il devait s'évader au bout de six années pour gagner la Belgique.

Portrait de Napoléon III (1808-1873), huile sur toile par Félix François Barthélémy (1826-1880), vers 1852, Rome, Museo Centrale del Risorgiento.

La révolution de 1848 était pour lui l'occasion inespérée de revenir en France, et de reprendre sa marche vers le pouvoir, cette fois par des moyens démocratiques. À quarante ans, Louis-Napoléon est un homme poli et réservé, assez mauvais orateur. La plupart de ses adversaires le sous-estiment, l'ignorent, ou le méprisent. Adolphe Thiers pense même qu'il pourra l'utiliser pour sa propre ascension : d'après lui, le neveu de l'Empereur est « un crétin que l'on mènera ». Mais son nom, qui rappelle à beaucoup les grandes heures de l'histoire française, est sur toutes les lèvres. L'élection a lieu les 10 et 11 décembre, et le salon Murat de l'Élysée sert de bureau de vote pour une partie des habitants du VIIIe arrondissement de Paris. Dix jours plus tard – le temps qu'il faut pour décompter les voix de tout un pays –, le résultat du scrutin sonne comme un coup de tonnerre : Louis-Napoléon Bonaparte est élu avec la majorité écrasante de 74,2 % ! À seulement quarante ans, il devait rester le plus jeune président de la République française jamais élu jusqu'à Emmanuel Macron.

Une vue d'ensemble du Salon des portraits (1997).

La Constitution stipule alors que le chef du pouvoir exécutif doit résider dans la même localité que la Chambre parlementaire, donc à Paris. Impossible toutefois de lui attribuer les Tuileries, symbole de la monarchie et de l'Empire. Vers quelle demeure se tourner alors ? La décision est facilement prise : ce sera bien sûr le palais de l'Élysée, dont l'histoire plus neutre et les dimensions plus mesurées semblent bien mieux appropriées à un chef de l'État élu démocratiquement. Investi par la Chambre le 22 décembre, Louis-Napoléon s'apprête donc à être emmené à l'Élysée dans un sublime carrosse escorté de cavaliers de la Garde nationale, dirigée par le général Changarnier. Avant de s'élancer, celui-ci aurait glissé à l'oreille du député Mathieu Molé : « Et si au lieu de le conduire à l'Élysée je le menais aux Tuileries ? — Gardez-vous-en bien, répond Molé, il s'y rendra assez tôt tout seul ! »

Arrivé dans cette maison qui fut celle de sa prime enfance, Louis-Napoléon Bonaparte va immédiatement se recueillir dans le salon d'Argent, où son oncle avait abdiqué. Pénétré de l'esprit des lieux, il compte bien réparer ce qu'il estime être une injustice de l'histoire. Pour le moment toutefois, on se contente

Le Salon des portraits. Le bureau du président, ancien bureau de Napoléon Ier, mobilier de Chaix et Morel.

Pendule en forme d'aiguière du salon des aides de camp (décoration, 1719-1721, conçue pour le comte d'Évreux ; tapis, Savonnerie, de la salle du trône de Napoléon Ier aux Tuileries).

de quelques réaménagements pour rendre la vieille demeure plus « *confortable* », suivant ainsi la mode anglaise du temps. Dans la grande tradition, on se livre à la conversion de pièces : le Salon des portraits est transformé en salle du Conseil des ministres ; l'ancien cabinet de toilette de la Pompadour, déjà converti en chambre par Nicolas Beaujon, devient le bureau du président. Pour l'assister dans ce énième chambardement de l'Élysée, le nouveau locataire des lieux – encore célibataire – peut compter sur un soutien précieux : sa cousine, la princesse Mathilde Bonaparte, qui accepte de jouer le rôle de maîtresse de maison en attendant que le président daigne se marier… Pour le moment toutefois, celui-ci est plus préoccupé par le besoin d'installer son amante favorite, Miss Howard, dans un hôtel particulier à deux pas de l'Élysée. En effet, Mathilde ne voyant pas d'un bon œil la présence d'une Anglaise à la moralité douteuse dans le palais républicain, ce sera à Louis-Napoléon de se déplacer. Ce qui ne l'empêchera pas, d'ailleurs, de faire venir d'autres maîtresses moins bien logées directement à l'Élysée. Et cela, dit-on, parfois à raison de deux ou trois par jour : actrices, demoiselles d'opéra, soubrettes… tout est bon pour satisfaire l'appétit du chef de l'État ! Ce n'est que l'année suivante que Mathilde trouvera fina-

Mathilde Laetitia Wilhelmine Bonaparte (1820-1904).
Huile sur toile d'Édouard Louis Dubufe, château de Versailles.

L'histoire secrète

UNE CHAPELLE DANS LE TEMPLE RÉPUBLICAIN PAR EXCELLENCE

Aménagée à la demande de Napoléon III par l'architecte Lacroix dans un style néo-byzantin, la chapelle de l'Élysée est décorée par le peintre Sébastien Melchior Cornu. On y trouvait représenté, au-dessus de l'autel, la tête du Christ en médaillon, ainsi que deux anges portant les sacrements. Vincent Auriol fera aménager des bureaux en lieu et place de cette chapelle qui retrouvera son lustre grâce au général de Gaulle en 1959. Le premier président de la Ve République la meublera à ses frais d'un autel, de cinq chaises, cinq prie-Dieu et quelques tableaux. Dans le temple républicain qu'est le 55, rue du Faubourg-Saint-Honoré, cette pièce a servi de salle d'attente pour les hôtes de la Première dame, mais elle est aujourd'hui le bureau du général Georgelin, président de l'établissement public chargé de la restauration de la cathédrale Notre-Dame de Paris.

Restauration et achèvement du Palais de l'Élysée (1853-1867) par l'architecte officiel Joseph Eugène Lacroix. Vue de la nouvelle chapelle.

Portrait du comte de Morny, photographie (tirage sur papier albuminé) d'André Adolphe-Eugène Disdéri prise en 1862.

lement la solution, en présentant à son frère Eugénie de Montijo, une jeune aristocrate espagnole, à qui Louis-Napoléon Bonaparte devra faire la cour durant près d'un an avant qu'elle ne consente finalement à l'épouser.

Chaque lundi, l'Élysée est le théâtre d'une réception brillante, une fête républicaine dont l'apparat ne le cède en rien à celui de la monarchie. Accompagné de Mathilde, le président y reçoit d'innombrables personnalités : Victor Hugo, sévère critique de celui dont il ne dédaigne pas l'hospitalité ; Adolphe Thiers, qui a réalisé que le « crétin » serait plus difficile à mener que prévu ; Jérôme Bonaparte, à qui l'Élysée rappelait également des souvenirs d'enfance. Surtout, c'est au palais que Louis-Napoléon fait la rencontre du comte de Morny, le fils illégitime qu'Hortense de Beauharnais avait eu de son grand amour, Charles de Flahaut. Entre les deux demi-frères, qui ne s'étaient jamais vus, la défiance initiale ne dure guère et une complicité solide se noue petit à petit, qui devait être fort utile au président pour la suite des événements. Comme Victor Hugo se plaît à le remarquer, quelques indices montrent que Louis-Napoléon Bonaparte ne partage pas vraiment les idéaux démocratiques… À l'Élysée, le chef de l'État dispose de soixante-dix personnes à son seul service et fait porter des épées d'apparat aux maîtres d'hôtel. Enfin et surtout, le président exige qu'on lui donne du « Votre Altesse » ou du « Monseigneur ». Sur quoi le poète concluait non sans humour : « Moi qui l'appelais prince, j'avais l'air d'un démagogue ! »

En bref, Louis-Napoléon Bonaparte désire régner et non présider. Sa volonté de réviser la Constitution, qui lui interdit de se porter candidat à sa réélection, déclenche un conflit avec les députés d'une Chambre que cette même Constitution ne permet pas au chef de l'exécutif de dissoudre. Le comte de Morny encourage son demi-frère à recourir à la manière forte : le coup d'État. L'opération devait être en partie financée par Miss Howard, la maîtresse du président-monarque, qui avait déjà favorisé sa campagne à l'élection. La date fatidique est fixée au 2 décembre 1851. La veille, un lundi, la fête hebdomadaire de l'Élysée se déroule comme si de rien n'était. Mais pendant que les invités dansent, le chef de l'État donne discrètement ses ordres au colonel Vieyra, nouveau commandant de la Garde nationale… Quant à Morny, il est ce soir à l'opéra lorsqu'une dame lui demande : « On me disait tantôt que le président allait balayer la Chambre, que ferez-vous s'il y a effectivement un coup de balai ? » À quoi Morny aurait répondu : « Ma foi, Madame, je tâcherai de me trouver du côté du manche ! » Et de fait, le bien avisé s'y trouvait. Le soir même d'ailleurs, à l'Élysée, il participe à une réunion secrète au cours de laquelle le président distribue les rôles. Le lendemain matin, à l'aube, les principaux opposants sont arrêtés, y compris Adolphe Thiers que l'on va chercher jusque dans son lit ! Dans Paris, des troupes veillent à réprimer d'éventuelles émeutes, et les quelques barricades qui se sont élevées sont vite renversées, au prix de quelques morts dans les affrontements. Pour Louis-Napoléon, la partie était gagnée. Dès le mois de janvier, comme s'il se considérait déjà comme un souverain, le chef de l'État quitte ainsi l'Élysée pour s'installer aux Tuileries, réalisant ainsi la prédiction de Mathieu Molé. À la fin de l'année, un Bonaparte se parerait à nouveau du manteau d'empereur. Le neveu vengeait son oncle.

Durant une année, l'Élysée resta vide, mais d'importants travaux d'embellissement étaient en cours. Autour du jardin, on supprime les petites échoppes installées par les Hovyn et l'on fait poser les grandes grilles qui le séparent des Champs-Élysées. À l'intérieur, on transforme l'ancienne salle des banquets de Murat en une vaste salle de bal, dans le style quelque peu pompeux qu'on ne tarderait pas à qualifier de « Second Empire ». C'est à peine si l'on s'interrompt en janvier 1853 pour accueillir Eugénie de Montijo et sa mère, qui emménagent à l'Élysée quelques jours après l'annonce des fiançailles avec l'empereur. Quotidiennement, celui-ci se rend dans son ancienne demeure pour y faire la cour à sa promise, selon des règles extrêmement strictes, comme le veut l'étiquette espagnole, et sous l'œil vigilant de sa future belle-mère ! Pour éviter tout problème, le prétendant avait d'ailleurs envoyé en Angleterre son encombrante voisine, la fidèle Miss Howard. Au bout d'un an, l'Espagnole et sa mère rejoignent les Tuileries : à l'issue d'une pompeuse cérémonie en la cathédrale Notre-Dame, Eugénie était désormais impératrice.

À nouveau libre de locataires, l'Élysée peut poursuivre sa toilette. Alors que de nouveaux appartements sont créés pour

La bibliothèque de l'Élysée, vestige des anciens appartements occupés par Napoléon III.

L'impératrice Eugénie de France, huile sur toile de 1854 par Franz Xaver Winterhalter (1805-1873). (Houston, Museum of Fine Arts.)

l'empereur, on aménage dans les parties plus anciennes de confortables salles de bain, comme celle de l'impératrice Eugénie pourvue de décorations florales, de verts, de velours et de parquets. On édifie une petite chapelle dans le style byzantin, on restaure les grandes pièces de réception de rez-de-cour, et l'on couronne de terrasses les bâtiments bordant la cour d'honneur. Sur la rue Saint-Honoré enfin, le porche est reconstruit dans le style grandiloquent qui caractérise le Second Empire. Et si ces arrangements ne sont pas toujours très heureux, ce n'est rien à côté de la grande verrière installée au-devant du perron, qui défigure désormais la façade sur la cour d'honneur. Au moins les visiteurs pourront-ils patienter à l'abri de la pluie, à défaut du mauvais goût. Plus heureuse fut certainement la destruction de deux petits hôtels particuliers attenants à la propriété, qui autorisèrent le percement d'une rue le long du côté est des jardins, ce qui permit d'isoler tout à fait l'ensemble du domaine. La nouvelle voie est baptisée rue de la Reine-Hortense par l'empereur, qui souhaitait ainsi rendre hommage à sa mère, Hortense de Beauharnais. C'est aujourd'hui la rue de l'Élysée.

Alors que le palais est en pleine métamorphose, le couple impérial se félicitera de n'avoir pas laissé l'Élysée à l'abandon. La scène que je vais vous conter se passe un jour de 1856, au moment des fêtes données pour célébrer la fin de la guerre de Crimée. Admirant les réjouissances depuis les Tuileries,

L'ancienne salle de bain de l'impératrice Eugénie (parfois appelée Salon des glaces) ; peinture sur miroirs de Jean-Louis Godon et Charles Chaplin dans le style de Boucher et Fragonard.

le couple ne résiste pas au plaisir d'aller se promener incognito parmi la foule de la place de la Concorde… Mais lorsque des badauds les reconnaissent et crient « Vive l'Empereur ! », c'est une véritable marée humaine qui se forme autour d'eux et menace de les emporter. Napoléon III et Eugénie n'ont que le temps de gagner *in extremis* l'une des grilles du jardin de l'Élysée, où les gardes leur ouvrent la porte. Ils se remettront de leurs émotions dans les salons en attendant qu'une escorte les raccompagne dans leur palais.

Finalement, à l'issue d'une décennie de travaux, c'est un Élysée flambant neuf qui est inauguré en présence du couple impérial. L'événement valait bien une superbe fête nocturne, au cours de laquelle les jardins sont illuminés – et c'est un

L'impératrice Eugénie présidant lors d'un Conseil des ministres au palais de l'Élysée. Illustration tirée du numéro paru le 11 juin 1859 de *The Illustrated London News*, école anglaise, XIXe siècle.

événement retentissant – à l'électricité ! Désormais, le palais pourra servir de résidence occasionnelle pour l'empereur, et surtout pour les chefs d'État étrangers durant leur séjour à Paris. En 1867, le palais accueille ainsi de nombreuses têtes couronnées à l'occasion de l'Exposition universelle qui se tient dans la capitale. Parmi ces souverains figure d'ailleurs le tsar Alexandre II, qui est victime d'une tentative d'attentat en traversant le bois de Boulogne. Rentré précipitamment à l'Élysée, il veut partir sans délai pour la Russie, et il faut toute la force de persuasion de l'impératrice Eugénie, qui l'a rejoint dans son cabinet sans même se faire annoncer, pour le convaincre de rester encore quelques jours, et ne pas donner l'impression de céder face aux terroristes.

L'histoire secrète

UN HÉRITAGE DE LOUIS-NAPOLÉON, LA GARDE RÉPUBLICAINE

Que serait l'Élysée sans les soldats de la Garde républicaine et leurs magnifiques uniformes ? Ces militaires foulent le gravier de la cour d'honneur dès 1920 et depuis, les services d'honneur rendus en tenue traditionnelle au président de la République n'ont cessé de faire rayonner le prestige de la République française. Mais qu'on ne s'y trompe pas : les gardes républicains sont tous sauf des soldats d'opérette, présents seulement pour la parade. Composant une troupe d'élite de la gendarmerie nationale, ils disposent d'un armement moderne et sont soumis à un entraînement intensif pour assurer la sécurité du chef de l'État face à n'importe quelle situation. Pour tout uniforme, la Garde républicaine à cheval porte une culotte de cheval bleue, comme tous les gendarmes. Mais cette culotte est blanche lorsque les militaires sont en service auprès du chef de l'État. Outre l'orchestre et les chœurs, la garde se compose de trois corps principaux : les régiments d'infanterie, qui assurent notamment la garde des palais nationaux et la sécurité quotidienne des plus hautes instances de l'État ; l'escadron motocycliste, qui compte près de quatre-vingt-dix motards et sert d'escorte aux véhicules officiels ; enfin le plus prestigieux et le plus populaire, le régiment de cavalerie, qui compte près de quatre cents cavaliers et constitue aujourd'hui la plus grande formation montée au monde ! Utilisée comme escorte lors des visites officielles, elle dispense un prestige incomparable et fait toujours forte impression sur le public comme sur les chefs d'État étrangers. Mais au fait, pourquoi avons-nous conservé cette unité à cheval, la dernière de l'armée française, me direz-vous ? Tout simplement parce que la Garde républicaine de Paris – c'est son nom originel – a été fondée en 1848 par le futur Napoléon III uniquement pour assurer la sécurité de la capitale. C'est pour cette raison qu'elle n'a pas été engagée dans les combats de la première guerre mondiale, lors de laquelle les derniers régiments de cavalerie montée ont tous évolué en régiments mécanisés.

La Garde républicaine fut créée
sous Louis-Napoléon Bonaparte.
Image d'Épinal du XIXe siècle. (Collection privée.)

Mac Mahon à l'Élysée malgré lui

Avec la chute de l'Empire en 1870, l'Élysée perdait une nouvelle fois son principal locataire, Napoléon III devant finir ses jours en exil, – il aura décidément passé hors de France une bonne partie de sa vie. L'année suivante, le refus de la capitulation face à la Prusse entraîne à Paris le soulèvement de la Commune. À la fin du mois de mai, comme les troupes versaillaises sont déjà entrées dans la capitale pour réprimer l'insurrection, les communards incendient le palais des Tuileries, symbole du régime précédent, qui se consume trois jours durant.

En tant qu'ancienne résidence impériale, l'Élysée court alors un grand danger, sinon de destruction totale, du moins de pillage ! Mais Eugène de Gourlet, l'inspecteur des palais nationaux, aurait eu une idée brillante : il fait apposer, sur les portes des petits appartements, de faux scellés ornés du sceau de la Commune ! Simple mais efficace, la ruse fonctionne et une partie de l'Élysée est ainsi préservée des dégradations.

Au prix d'un déluge de sang, l'État contrôlait à nouveau Paris. Mais alors que la IIIe République avait été proclamée

Portrait de Mac Mahon par Horace Vernet en 1860, Avranches, bibliothèque d'Avranches.

L'empereur Napoléon III, dans le salon de lecture du château de Chislehurst, lieu de son exil, en 1872. Photo de W. D. Downey.

au lendemain de la défaite de Sedan, les modalités de fonctionnement du régime n'étaient pas encore clairement fixées. En février, Adolphe Thiers avait été désigné par l'Assemblée comme chef du pouvoir exécutif, mais il restait à préciser ses attributions. Ce sera chose faite à la fin du mois d'août, par l'adoption de la loi Rivet : prenant le titre de président de la République, le chef de l'exécutif est nommé par l'Assemblée et révocable à tout moment par cette dernière, mais il a la prérogative de nommer et révoquer les ministres. Conforté dans ses fonctions, le petit Adolphe Thiers espère s'installer… au château de Versailles, rien que cela ! On le lui refuse évidemment, de même que le palais de l'Élysée, qu'il ne pourra utiliser que comme lieu de travail et de réception. Mais pour dormir, il faudra que Thiers se contente du triste hôtel de la préfecture de Versailles, qu'il surnomme « le palais de la pénitence » ! Sa femme, elle, approuve ce choix car elle pense la capitale trop dangereuse : « Nous ne serons pas quinze jours à Paris sans que mon mari soit assassiné. »

Tous les matins, le président se rend donc en voiture à l'Élysée pour y travailler, et regagne Versailles le soir. Sa femme et sa belle-sœur – elles avaient perdu leur mère, Madame Dosne, qui fut comme ses filles l'une des « trois moitiés » d'Adolphe Thiers – se chargent de superviser la réfection du palais, endommagé par les événements de 1871. Au début de son mandat, le nouveau président bénéficie du soutien des royalistes, qui sont majoritaires à la Chambre et souhaitent rétablir la monarchie dans ses droits. Mais pendant que ceux-ci s'entredéchirent pour savoir qui, de Philippe d'Orléans, comte de Paris, ou d'Henri de Bourbon, comte de Chambord, doit monter sur le trône, Adolphe Thiers rallie peu à peu les idéaux républicains et contribue au maintien du nouveau régime. Poussé dehors par ses anciens alliés, il présente sa démission le 24 mai 1873, convaincu qu'on le supplierait de rester… Le soir même, l'Assemblée désigne son successeur, un monarchiste convaincu : le maréchal de Mac Mahon.

Les événements s'étaient enchaînés si vite que l'on n'avait même pas songé à demander son avis au principal intéressé avant de le désigner chef de l'État ! Or, celui-ci n'est nullement

Palais des Tuileries, incendie du 24 mai 1871.
Vue prise du côté du Jardin. Lithographie colorée
de Léon Sabatier († 1887), vers 1872,
Berlin, Archives des collections d'art et d'histoire.

Portrait du maréchal de France Patrice de Mac Mahon. Huile sur toile par Giulio Carlini, vers 1880. (Collection privée.)

enchanté à l'idée d'accéder au pouvoir. Militaire de carrière, Patrice de Mac Mahon s'estime en effet incapable de faire de la politique. Et s'il se rend immédiatement à l'Élysée, ce n'est que pour tenter de persuader Thiers de conserver ses fonctions ! Mais le président sortant sait bien que la Chambre refusera de lui renouveler sa confiance. Il quitte donc le palais, non sans mettre en garde son successeur : « La présidence est un enfer. Mon cher maréchal, n'y entrez pas ! Aujourd'hui le pouvoir est un guêpier. » Voilà qui n'allait pas aider le nouvel entrant, déjà bien réticent… Mais en bon soldat, le maréchal de Mac Mahon accepte le devoir qu'on lui place entre les mains.

Il ne devait pas être récompensé de son dévouement, car alors qu'à l'origine son mandat devait se terminer au moment du renouvellement de la Chambre, l'Assemblée institue le principe du septennat. Dans sa prison dorée de l'Élysée, le pauvre Mac Mahon en prend pour sept ans ! Il espère toutefois ne pas aller au bout de son mandat, car les royalistes – toujours majoritaires – pensent parvenir à restaurer la monarchie d'ici là. Mais le comte de Chambord, principal héritier présomptif, bloque tout : il veut absolument rétablir le drapeau blanc royal, et les députés souhaitent quant à eux conserver le drapeau tricolore. Et pendant que ces messieurs ne réussissent pas à s'accorder, grâce au travail de quelques fervents meneurs républicains comme Gambetta, la majorité de la population tourne républicaine ! En 1875 sont votées les lois constitutionnelles qui instaurent définitivement la IIIe République, et qui s'appliqueront jusqu'en 1940. À l'Élysée, qui devient la résidence officielle du chef de l'État, le « président malgré lui » ne bénéficierait pas de remise de peine.

En dépit de ses convictions comme de ses désirs propres, Patrice de Mac Mahon assumerait ses fonctions avec droiture et dévouement. Non seulement il ne mettrait pas de bâton dans les roues du nouveau régime, mais encore tâcherait-il d'honorer sa fonction avec le plus de dignité possible. D'ailleurs, au cours des réceptions données à l'Élysée, sa silhouette altière et grave incarnait on ne peut mieux l'État. Tout au contraire de la sœur du président, la comtesse de Beaumont, qui se permettait quant à elle de nombreuses impertinences, allant jusqu'à flirter avec Gambetta, l'adversaire juré du président ! Pris entre deux feux, le soldat Mac Mahon devait désormais composer quotidiennement avec des ministres républicains, alors même que ses amis royalistes lui réclamaient sans cesse d'agir en leur faveur. En 1877, sa tentative de constituer un gouvernement conservateur sous la direction du duc de Broglie se solde par un échec, car les élections suivantes offrent une majorité à la gauche. Épuisé par cet exercice d'équilibriste et par les intrigues sans fin qui se jouaient autour de lui, Mac Mahon finit par démissionner le 30 janvier 1879, un an avant la fin de son septennat. Huit heures plus tard, Jules Grévy était désigné président par l'Assemblée.

À soixante-douze ans, le nouveau locataire de l'Élysée est un modéré, doublé d'un pacifiste, ce qui n'est pas rien dans la France revancharde de l'après-1870 ! Surtout, Jules Grévy est un président d'un nouveau style : il se met volontairement très en retrait, pour laisser agir son gouvernement. Au cours du Conseil des ministres, qui se tient déjà chaque semaine à l'Élysée, Grévy est tellement discret et silencieux qu'on croirait presque qu'il somnole ! En réalité, il suit les affaires de près et n'intervient – avec un tact infini – que lorsqu'une décision lui semble particulièrement néfaste : « Je pense, messieurs, que vous avez bien

Portrait de Jules Grévy. Peinture par Léon Joseph Florentin Bonnat (1833-1922), Paris, musée d'Orsay.

réfléchi au parti qu'on pourra en tirer contre vous ? [...] C'est du reste votre affaire, messieurs, c'est vous qui êtes responsables. Je n'en parle que dans le cas où ces objections ne se seraient pas présentées à votre esprit. »

Pour le reste, Jules Grévy est un homme simple, un véritable « président normal » avant la lettre... Le matin, il aime se promener dans les jardins de l'Élysée et jeter du pain aux canards, dont certains prennent l'habitude de le suivre dans les allées du parc. Les caricaturistes de l'époque ne tardent pas à tourner en dérision ce président ami des bêtes, en le dessinant toujours suivi de « Bébé », qu'on prétend être son canard préféré. Pour vivre simplement, le président Grévy peut aussi compter sur sa femme Coralie, qui régit l'Élysée comme une bonne ménagère – elle fait elle-même son marché – et veille de manière scrupuleuse à la dépense. D'ailleurs, les Grévy n'aiment guère recevoir, et s'ils ne peuvent couper aux trois bals annuels et à quelques réceptions officielles indispensables, les invités sont priés de ne pas être trop voraces, car les portions sont particulièrement chiches. Cette lésinerie devient vite proverbiale, au point que le journal *L'Intransigeant* fait paraître cette brève humoristique : « Un jeune homme a été arrêté vers deux heures du matin comme il venait de voler un petit pain chez le boulanger. Interrogé par les sergents de ville, il répondit : "Je sors de l'Élysée..." Il fut immédiatement relâché et une collecte organisée en sa faveur. » Il est loin le temps des réceptions somptueuses de Caroline Bonaparte ou des repas homériques dispensés par Nicolas Beaujon !

Les Grévy ont une fille, Alice. Âgée de vingt-neuf ans au moment de l'emménagement de ses parents à l'Élysée, elle n'était pas encore mariée, la faute à une première déception amoureuse. Mais dans les salons du palais présidentiel, elle rencontre Daniel Wilson, alors député et sous-secrétaire d'État aux Finances. Âgé de quarante ans, de haute taille, l'homme porte beau et joue à merveille de son talent naturel de beau-parleur.

Alice Grévy tombe sous le charme, tant et si bien que les noces sont célébrées le 22 octobre 1881 dans la chapelle de l'Élysée, en présence du président du Conseil Jules Ferry, et du ministre des Finances Pierre Magnin, tous deux témoins du marié. Daniel Wilson devenait le gendre du président de la République, lequel allait d'ailleurs être réélu pour un second septennat à la toute fin de l'année 1885.

Désormais installé dans des bureaux au rez-de-cour de l'Élysée, avec plusieurs personnes sous ses ordres, on imagine que Daniel Wilson va consacrer son temps au bon fonctionnement de la République et au bien-être de la nation… Que nenni ! Tout au contraire, il profite de sa haute position pour créer un trafic illégal, que l'on surnommera même le « ministère des Recommandations et Démarches ». En échange de fortes sommes d'argent, le gendre du président favorise en effet des demandes de grâce présidentielle ou de remise de peine. Il se

Le président Jules Grévy quittant l'Élysée pour une visite officielle, à Paris, en 1884. Dessin par Henri Meyer (1844-1899).

Portrait de Daniel Wilson (1840-1919), homme politique et gendre de Jules Grévy. Photographie (tirage sur papier albuminé), Paris, musée Carnavalet.

permet aussi de mettre en location pour son compte quelques appartements vacants dans les palais nationaux. Enfin et surtout, l'escroc se spécialise dans la vente de décorations républicaines à une fréquence qui est tout sauf anecdotique : en quelques années, ce sont plusieurs milliers de médailles et autres symboles de distinction qui auraient été vendus, pour des sommes parfois importantes – jusqu'à 100 000 francs pour la Légion d'honneur ! Wilson a d'ailleurs plusieurs complices, parmi lesquels le général Caffarel et le sénateur Gaston d'Andlau. Finalement, le trafic est révélé par… deux mères maquerelles, qui affirment que dans les boudoirs de leurs maisons closes, de nombreuses personnalités négocient les décorations qui seront accordées par Daniel Wilson. Lorsque l'affaire éclate dans la presse, le 7 octobre 1887, le scandale est immense. L'opinion est profondément choquée, et ce, d'autant plus que Jules Grévy passait pour un modèle de vertu.

On s'attend à une démission immédiate du président de la République. Mais Grévy estime, non sans raison, qu'il n'est pour rien dans le comportement de son gendre, et refuse de résilier son mandat. L'Assemblée elle-même l'incite à la démission, mais rien n'y fait. Sur la sellette, le président tente d'instituer une nouvelle équipe gouvernementale, mais les appelés pour un poste ministériel déclinent les uns après les autres. Malgré tout, Jules Grévy s'accroche à son bureau. Une partie de la presse le surnomme alors « le président Crampon » ! Il inspire même des

Le président de la République française, Jules Grévy, contraint de quitter l'Élysée le 2 décembre 1887, en raison d'un scandale politique. Gravure d'après un dessin de G. Amato, extrait de *L'Illustrazione Italiana*, N°53, 18 décembre 1887.

chansonnettes populaires : « Son austère bienséant / À l'Élysée s'trouve à l'aise. / Y colle au fond de la chaise, / Qui colle à l'appartement… » Le jeudi 24 novembre, Grévy se dit finalement prêt à démissionner, mais seulement le jeudi suivant. Dans l'intervalle, il tentera de nouveau d'établir un gouvernement, essuyant le même échec. Et le jeudi 1er décembre, l'Assemblée réunie au grand complet pour l'occasion ne reçoit toujours aucune lettre de démission. En définitive, les députés et sénateurs délivrent un ultimatum à Jules Grévy, qui annonce enfin sa démission… pour le lendemain ! Le président Crampon aura encore gagné une journée.

L'histoire secrète

UNE CERTAINE MODERNITÉ

La parcimonie des Grévy ne les empêche pas d'entreprendre quelques travaux importants dans le palais, à commencer par la création d'un vaste jardin d'hiver, bordant au sud la grande salle de bal construite sous Napoléon III et transformée en salle à manger par Mac Mahon. Il y avait alors dans ce jardin une collection de plantes tropicales et quantités de treillages sur les murs. Moins heureuse est sans doute la pendule installée sur le fronton de la façade principale ; associée à la verrière précédant le perron, elle donne à la cour d'honneur de faux airs de gare de province, comme on se plaît à le faire remarquer… Enfin, Jules Grévy est également le tout premier hôte du palais de l'Élysée à avoir utilisé le téléphone. L'événement se produisit le 29 janvier 1887, lorsque le président de la République française répondit au roi des Belges, qui l'appelait de Bruxelles pour inaugurer la première ligne entre les deux capitales.

Vue du Jardin d'hiver construit en 1879 sous Jules Grévy. Le toit de verre date de 1984.

Et la lumière fut

Enfin débarrassée de Grévy, l'Assemblée élit Sadi Carnot président de la République. Le nouveau locataire de l'Élysée devait ce prénom original au poète persan Saadi, que son grand-père admirait. Polytechnicien et ingénieur des Ponts et Chaussées, intègre et consciencieux, le chef de l'État travaille notamment à l'établissement de l'alliance franco-russe, qui se révèlera déterminante lors de la première guerre mondiale.

L'homme inspire un respect sincère aux Français, qui aiment toutefois se moquer gentiment de sa silhouette rigide et toujours tirée à quatre épingles. Au point que certains camelots n'hésitent pas à vendre des pantins articulés à son image ! Mais le locataire du 55 observe tout cela avec hauteur et bienveillance : lorsque l'un de ces marchands ambulants lui écrit pour se plaindre des embêtements que lui font les policiers, le président donne l'ordre de le laisser tranquille, et lui achète même plusieurs de ces petites figurines ! Quant à Madame Carnot, elle se montre largement à la hauteur de son mari : encore belle et élégante à quarante-six ans, elle est généreuse avec

Sadi Carnot à son bureau, huile sur toile de Théobald Chartran (1849-1907).

Garden-party à l'Élysée : la farandole.
Illustration pour *Le Petit Journal* du 21 juillet 1895.

les nombreuses œuvres de bienfaisance dont elle s'occupe. En 1889, elle fonde l'Arbre de Noël de l'Élysée, une cérémonie festive – encore en usage aujourd'hui – durant laquelle les enfants défavorisés sont conviés au palais pour y recevoir des cadeaux et un goûter.

Couple très uni, parents de deux garçons et une fille, Sadi et Cécile Carnot effectuent des promenades discrètes sur les Champs-Élysées et passent souvent leurs fins de semaine au château de Fontainebleau. Intègres, ils n'hésitent pas à payer de leur poche une partie des aménagements réalisés à l'Élysée, lorsqu'ils estiment qu'ils favorisent leur confort, comme pour l'installation de l'électricité. De même, alors que Madame Carnot rétablit la tradition des bals de l'Élysée, c'est le couple qui finance certaines des dépenses sur leurs deniers personnels. C'est entre autres pour accueillir ces réjouissances que Sadi Carnot fait édifier ce qui est aujourd'hui encore la plus grande pièce du palais : la salle des fêtes, au décorum incroyable. Mais une nouvelle fois c'est cette verrière précédant le perron qui vient jeter une ombre au tableau : elle est malheureusement agrandie et masque désormais tout le pan inférieur de la façade

Détail en stuc décorant le plafond de la salle des fêtes.

sur la cour d'honneur. On ne tardera d'ailleurs pas à qualifier cette douteuse structure de « cage aux singes » !

Si ces travaux à l'Élysée se poursuivent sans heurts, le mandat de Sadi Carnot n'aura pas été des plus paisibles. Le 27 janvier 1889, alors qu'une partie de la France cède à la frénésie du boulangisme, le palais présidentiel avait été mis en état d'alerte, et protégé par plusieurs bataillons de militaires. À quelques pas de là, sur la place de la Madeleine, une immense foule acclamait le général Boulanger et était toute prête à porter celui-ci à l'Élysée. Le principal intéressé refusa d'accéder au pouvoir illégalement et, plutôt que de choisir le 55, rue du Faubourg-Saint-Honoré, se retira pour rejoindre… sa maîtresse ! L'émeute avait été évitée, et le mouvement du boulangisme ne tarderait pas à retomber.

Dès le printemps, l'Exposition universelle de 1889 affiche au monde le visage d'une France républicaine triomphante, capable d'ériger une tour de fer de trois cents mètres de hauteur… Mais à partir de 1892, c'est une autre menace qui pèse sur la République, celle de la violence anarchiste. Après les attentats à la dynamite de Ravachol, le militant Auguste Vaillant lance une bombe dans la Chambre des députés. Arrêté et condamné à mort, il voit sa grâce refusée par le chef de l'État, qui savait pourtant qu'il s'exposerait ainsi aux représailles des terroristes… Et cela ne manqua pas : le 24 juin 1894, lors d'un déplacement officiel à Lyon, le bon Sadi Carnot est poignardé par un anarchiste italien à bord de sa voiture. Transporté inconscient à la préfecture, Sadi Carnot agonise pendant trois heures avant de rendre son dernier souffle, malgré l'assistance des meilleurs chirurgiens. Son corps est exposé quatre jours durant à l'Élysée, dans le salon de l'Hémicycle, où les Français pourront venir lui rendre hommage. Sadi Carnot sera inhumé au Panthéon, où il est le seul président de la République à reposer.

Puisque l'Élysée est désormais sans locataire, il faut lui en trouver un autre à même de veiller sur les destinées de la nation

Le 24 juin 1894, l'anarchiste italien Sante Jeronimo Caserio poignarde Sadi Carnot après son discours prononcé lors d'un banquet à l'occasion d'un déplacement à Lyon. Numéro paru le 2 juillet 1894 du *Petit Journal*.

Portrait de Jean Casimir-Perier (1847-1907), président de la République française de 1894 à 1895.

en cette fin de siècle troublée, où sont notamment votées les « lois scélérates » visant à combattre le terrorisme. Sadi Carnot avait – cela tombe bien – un héritier en tête : Jean Casimir-Perier. Malgré de fortes réticences, le chef de la Chambre des députés, qui estimait n'être pas l'homme de la situation, finit par accepter et être élu.

Il est vrai que son profil tranchait radicalement avec celui de Sadi Carnot. Issu d'une famille de banquiers, il est impopulaire en raison de sa fortune colossale – évaluée à 40 millions de francs. Rappelant les grandes heures de l'Empire, le piqueur qui précède sa voiture le fait passer pour un réactionnaire. Dans la presse d'opposition, on le traite de vautour, et même de constipé ! Manquant d'autorité et de volonté politique, il est mis à l'écart de la marche du pays par ses propres ministres, et ne découvre l'existence de l'affaire Dreyfus que lorsque l'ambassadeur d'Allemagne l'en informe… Finalement, le terne Casimir-Perier aura au moins surpris son monde une fois : quand le président du Conseil présente sa démission, il l'imite, alors que rien ne l'y poussait, arrêtant ainsi net son mandat qui n'aura duré que six mois.

Lorsque Félix Faure a vent que certains députés souhaitent le désigner comme successeur, sa réaction est plus vive encore que celle de Mac Mahon : « Jamais, jamais ! », s'écrit-il avant de… s'enfuir ! Mais pour ne pas céder la place à ses adversaires de gauche, il accepte finalement de se « laisser élire »… Avec Casimir-Perier, la rupture de style est totale : le nouveau pré-

Félix Faure (1841-1899), portrait photographique datant de la fin du XIXe siècle.

sident est issu du peuple, fils d'un artisan ébéniste et apprenti tanneur dans sa jeunesse. Malgré ces origines populaires, ou peut-être à cause d'elles, c'est un homme à cheval sur le protocole. Aux dîners officiels donnés à l'Élysée, il exige de se faire servir avant les souverains étrangers, car, dit-il, « c'est ainsi l'usage à la cour de France » ! De même, il faut que Madame Faure s'asseye légèrement en retrait de lui lors des cérémonies. Enfin, Félix Faure refuse désormais le tutoiement même de ses plus vieux amis. En réaction de quoi l'un d'eux lui aurait répondu ce bon mot que l'on pourra estimer bien mérité : « Laissez-moi vous tutoyer une dernière fois : je t'emmerde ! » Malgré ces exigences, le président, populaire auprès des Français, incarne dignement sa fonction, au point que les plus grands souverains, de la reine Victoria au tsar Nicolas II, se montrent enchantés de son maintien et de son élégance, la première estimant d'ailleurs que son hôte fait « grand seigneur et pas du tout parvenu ».

À l'Élysée, Félix Faure se lève très tôt, et à peine sa toilette effectuée, il s'empresse de monter à cheval dans les allées du bois de Boulogne. À neuf heures commence sa journée de travail, interrompue seulement par un déjeuner familial et une visite à sa fille Lucie, qui joue un rôle important dans la gestion quotidienne de la maison présidentielle. Mais s'il reste bienveillant envers ses proches et ses subordonnés, Félix Faure n'est pas – au contraire de Sadi Carnot – le père de famille modèle dont il prétend donner l'image… En effet, il entretient de nombreuses amantes, qu'il reçoit régulièrement dans le salon d'Argent ou le salon Bleu. L'une d'elles, la jeune Cécile Sorel, vaut même au président d'être surnommé Charles VII, référence évidente à la favorite royale de son temps, Agnès Sorel.

Depuis 1897, l'une des maîtresses favorites de Félix Faure était Marguerite Steinheil, l'épouse d'un artiste malheureux en amour mais heureux en affaires, puisqu'il fut immédiatement nommé peintre officiel de l'Élysée. Pour mieux profiter de leurs entrevues, le président prenait un puissant aphrodisiaque, quinine ou cantharide officinale. Il n'y renonce pas en ce 16 février

Mort de Félix Faure. Supplément illustré du *Petit Journal* paru le 26 février 1899.

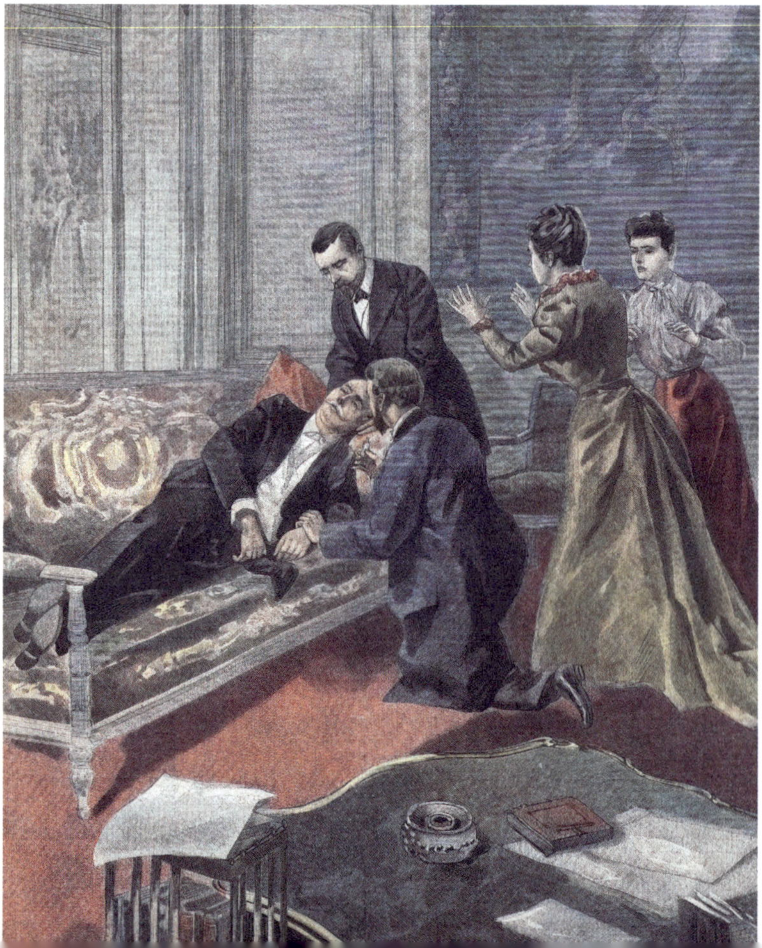

1899, alors que le matin même il s'était senti trop faible pour sa promenade à cheval. À dix-sept heures, une fois achevé le Conseil des ministres, il rejoint sa belle dans le salon Bleu. Peu de temps après, son chef de cabinet entend un hurlement. Se précipitant dans la pièce, il découvre Félix Faure écroulé sur le divan, à demi inconscient, la main crispée dans la chevelure de sa partenaire, encore dans le plus simple appareil et à genoux ! La posture des deux amants ne laisse guère de doute sur la nature des plaisirs auxquels ils se livraient. À peine rhabillée, Madame Steinheil est reconduite chez elle sous bonne escorte, tandis que les couloirs du palais s'animent d'une frénésie paniquée. Les médecins se pressent autour du président, qu'on a étendu sur un matelas, mais ils restent impuissants. L'aumônier, appelé d'urgence, demande à l'huissier : « Le président a-t-il toujours sa connaissance ? » Et l'autre, croyant qu'il parlait de sa douce amie, répond : « Non, elle est sortie par l'escalier. » Victime d'une hémorragie cérébrale, Félix Faure rend l'âme quatre heures plus tard, entouré par sa femme et sa fille. Le dernier visiteur officiel de Félix Faure avant ce rendez-vous galant était le prince Albert Ier de Monaco, venu plaider la cause de la révision du procès du capitaine Dreyfus, proposant même de lui faire rencontrer l'empereur Guillaume II d'Allemagne. S'étouffant de rage, il est probable que Félix Faure a fait une apoplexie, contrairement à la légende de l'épectase. Ce n'est qu'en 1972 que les services de l'Élysée lèveront l'interdiction d'évoquer – sous peine de poursuites – l'épisode de la coquinerie l'ayant mis à terre. Ce qui n'empêcha pas les chansonniers de l'époque d'affirmer à propos de Félix Faure qu'« il voulait être César mais ne fut que Pompée », tandis que Marguerite Steinheil allait être longtemps surnommée « la pompe funèbre » ! Quant à Clemenceau, adversaire féroce du président, il déclara avec son humour acerbe : « En entrant dans le néant, il a dû se sentir chez lui. »

Quant au néant qui occupe désormais le fauteuil présidentiel, il est vite remplacé par un Congrès pris au dépourvu. L'heureux élu a tous les dehors d'un grand-père affable, avec sa barbe blanche, son visage souriant et ses yeux malicieux. Pourtant, lorsque son cortège gagne l'Élysée, les tomates et les œufs pourris pleuvent sur sa voiture ! Porté au pouvoir par une majorité républicaine et dreyfusarde, Émile Loubet est viscéralement détesté par les royalistes et les nationalistes. Déchaînée, la presse d'opposition le traite de tous les noms et n'hésite pas à affirmer : « Avant huit jours nous l'aurons chassé de l'Élysée. » Mais le nouveau président tient bon, et alors qu'on lui déconseille d'assister aux funérailles de son prédécesseur par crainte d'une émeute, il lance : « Dût-il y avoir une fusillade, j'irai ! » Finalement, ces obsèques ne seront le théâtre que d'une tentative maladroite de l'auteur Paul Déroulède, ancien adepte de Boulanger, qui prend par la bride le cheval du général Roget et crie : « À l'Élysée, mon général, à l'Élysée ! » Mais le militaire préfère retourner à sa caserne… tandis que l'agitateur est conduit en prison. Peu de temps après, le malheureux président Loubet est agressé alors qu'il se trouve aux courses d'Auteuil. Heureusement, la mode de l'époque le protège d'un mauvais coup de canne à la tête : c'est son haut-de-forme qui absorbe le choc !

En dépit de ces débuts particulièrement mouvementés, Émile Loubet gagnera finalement le cœur de tous les Français, par sa bienveillance et sa simplicité. En effet, tout au contraire de Félix Faure, son successeur se désintéresse totalement du protocole et du décorum. Il congédie le piqueur de la voiture présidentielle, qui avait fait tant jaser sous Casimir-Perier. Non d'ailleurs sans lui verser une retraite, à lui comme à tous les anciens employés de l'Élysée, chose à laquelle ils n'avaient jamais eu droit jusqu'ici. Quant à Madame Loubet, elle dénote quelque peu au milieu des ors de l'Élysée. Fille d'un quincaillier de Montélimar, la brave femme tente d'assumer au mieux son rôle de Première

L'histoire secrète

LA SALLE DES FÊTES

La salle des fêtes au décor fastueux sera inaugurée en 1889 pour l'Exposition universelle et les cent ans de la Révolution française. Sadi Carnot ordonne sa construction pour éviter que l'on dresse des tentes dans le jardin à chaque grand bal. Vaste de plus de 600 mètres carrés, autrefois rouge et or et parée de lourdes tapisseries, la pièce n'était pas sans rappeler l'architecture surchargée du Second Empire. Depuis 2018, et sous l'impulsion de la Première dame Brigitte Macron, la décoration a été amplement modernisée, le carmin laissant place à un élégant gris perle, qui remise à jamais le style pompier de la IIIe République. Ce sont les recettes de la boutique en ligne de l'Élysée (boutique.elysee.fr) qui ont permis de financer les derniers travaux, afin que cela ne coûte rien aux contribuables. C'est aujourd'hui dans cette immense salle des fêtes que les présidents de la République reçoivent leurs hôtes de marque : cérémonie spectaculaire, remise de décorations ou conférences de presse. Caché derrière un rideau se trouve un ancien petit théâtre avec des loges d'artistes. Jadis, on utilisait cette salle pour permettre au chef de l'État et à ses invités d'assister à des pièces en vogue à Paris. Michel Serrault y a, par exemple, joué sa pièce *Un vison voyageur* pour le président Pompidou dans les années 1970.

La salle des fêtes, inaugurée en 1889. On doit sa conception à Eugène Debressenne, et Adrien Chancel. Le plafond est l'œuvre de Guillaume Dubufe.

Émile Loubet dans son bureau de l'Élysée. Dessin de Lodovico Marchetti, paru dans *L'Illustrazione Italiana*, année XXXI, n°17, le 24 avril 1904. Repris dans *Le Petit Parisien* du 5 novembre 1905. (Collection privée.)

dame, mais sa bonhomie naturelle lui fait commettre quelques bévues, comme lors d'une visite du roi Édouard VII, auquel elle demande à propos du prince héritier, le futur George V : « Et ce garçon, que comptez-vous en faire, plus grand ? » À l'Élysée, Madame Loubet apprécie de se reposer après le repas, mais les cris des corneilles dans le parc l'empêchent de dormir. En mari attentionné, Émile Loubet organise une battue et une impressionnante partie de chasse dans les jardins. Au point que dans les rues alentour, quelques passants croient à un coup d'État !

Le Petit Journal

Le Petit Journal
CHAQUE JOUR — 6 PAGES — 5 CENTIMES
Administration : 61, rue Lafayette

Le Supplément illustré
CHAQUE SEMAINE 5 CENTIMES

5 Centimes SUPPLÉMENT ILLUSTRÉ 5 Centimes

Le Petit Journal Militaire, Maritime, Colonial..... 10 cent.
Le Petit Journal agricole, 5 cent. La Mode du Petit Journal, 10 cent.
Le Petit Journal illustré de La Jeunesse..... 10 cent.
On s'abonne sans frais dans tous les bureaux de poste

ABONNEMENTS

	SIX MOIS	UN AN
SEINE ET SEINE-ET-OISE	2 fr.	3 fr. 50
DÉPARTEMENTS........	2 fr.	4 fr. »
ÉTRANGER...........	2 50	5 fr. »

Les manuscrits ne sont pas rendus

Dix-septième année — DIMANCHE 25 FÉVRIER 1906 — Numero 797

A L'ÉLYSÉE
La cérémonie de transmission des pouvoirs du Président de la République

La cérémonie de transmission des pouvoirs du président de la République.
Impression en couleur dans *Le Petit Journal*, supplément illustré du 25 février 1906.
(Berlin, Archives des collections d'art et d'histoire.)

Mais la succession d'Émile Loubet se fait évidemment en douceur, comme s'était écoulé le septennat. Prenant sa suite, Armand Fallières est un homme de gauche issu d'une famille d'artisans. Doué d'un esprit particulièrement pénétrant, grand lecteur de Montaigne, il est peut-être le plus intelligent des présidents de la IIIe République, et s'entoure d'ailleurs des ministres les plus brillants, d'Aristide Briand à Poincaré. À l'Élysée, il mène une vie de famille sans histoire. Comme plusieurs avant elle, Madame Fallières agit en ménagère économe : elle congédie le chef des cuisines pour faire venir sa cuisinière de maison habituelle, originaire de Loupillon, dans les Landes. Et comme les Grévy avant eux, les Fallières ont une fille, Alice, qui va elle aussi trouver l'amour dans les salons de du palais présidentiel ! À ceci près que cette fois, le futur mari est honnête : il s'agit du secrétaire général de l'Élysée, qui sera nommé trésorier général au lendemain de la cérémonie. Pour le reste, la vie s'écoule paisiblement, comme peut parfois le permettre cette vieille demeure qu'est l'Élysée. L'incident le plus notable a lieu un jour que Fallières se promène sur la plus belle avenue du monde : un énergumène armé d'une paire de ciseaux – il est coiffeur de son métier – saisit alors le président par la barbe et tente un peu brutalement de rafraîchir sa coupe… Armand Fallières s'en sortira avec une entaille à l'oreille… et le coiffeur agité avec quatre ans de prison.

Que de changements de locataires à l'Élysée, que d'événements ces derniers temps… Mais vous aurez remarqué une chose, toutefois : si je vous ai habitués à ce que la vieille demeure fasse peau neuve à chaque nouvel occupant, voilà désormais bien longtemps qu'elle n'a pas bénéficié d'un petit rafraîchissement ! Félix Faure s'était borné à enrichir le mobilier de quelques belles pièces venues de Compiègne et de boiseries prélevées au château de Bercy ; Émile Loubet se contenta d'élever la fameuse grille du Coq, qui fait communiquer les jardins avec les Champs-Élysées ;

quant à Armand Fallières, il installe le premier ascenseur du palais. Aucun chambardement, aucune révolution, donc, dans le palais de la République. Même la terrible crue de la Seine de janvier 1910 ne touche qu'assez peu l'Élysée, dont seuls les sous-sols sont inondés, ce qui oblige tout de même à couper l'électricité et le téléphone. Mais cela n'empêche pas la tenue de la réception hebdomadaire organisée par Madame Fallières : simplement s'éclaire-t-on à la lampe à huile et à la bougie, tandis que le repas doit être préparé dans la cuisine du commandant militaire du palais, les cuisines ordinaires étant noyées sous un mètre d'eau !

Vue partielle du parc : la grille du Coq,
portail d'entrée érigé en 1900.

L'histoire secrète

LES VOITURES PRÉSIDENTIELLES

Ah ! l'automobile, belle invention, longtemps symbole de progrès social et de liberté, et plébiscitée par les Français. Une révolution adoptée également par le premier d'entre eux, puisque dès 1913, Raymond Poincaré inaugure la tradition de la voiture officielle, dont il choisit d'ailleurs lui-même le modèle : une magnifique Rochet-Schneider fabriquée à Lyon, bientôt secondée d'une Panhard. C'est toutefois Émile Loubet qui fut, une dizaine d'années plus tôt, le tout premier à rouler dans l'un de ces engins novateurs, mais seulement pour une démonstration à l'occasion de l'Exposition internationale de l'automobile, du cycle et des sports, l'ancêtre de notre Salon de l'auto. À partir de 1905, les présidents effectuent quelques déplacements en voiture, mais seulement de façon occasionnelle, les véhicules hippomobiles étant encore la norme. Dès lors, chaque président de la République aura sa, ou ses autos officielles, toujours de marque française évidemment. L'une des plus emblématiques, reflet de toute une époque, est sans doute la Citroën DS dans laquelle le général de Gaulle frôla la mort lors de l'attentat du Petit-Clamart, en 1963. Les Citroën SM commandées par Georges Pompidou sont également restées célèbres et ont connu une belle postérité puisque leur moteur Maserati bercera les trajets de ses successeurs jusqu'à la fin du XXe siècle. Quant à Jacques Chirac, sa voiture officielle favorite fut une vieille Citroën CX non blindée, car le président avait horreur des véhicules ultra-sécurisés qui l'isolaient trop de la foule. Mais de toutes les voitures utilisées par les présidents, la plus inattendue fut certainement la Porsche 356 du président Pompidou ! Bien sûr, la sportive allemande ne fut jamais une voiture officielle : elle avait été achetée par Georges Pompidou sur ses deniers personnels en 1961… bien avant son emménagement à l'Élysée. Le président et sa femme aimaient tant utiliser l'auto pour fuir l'Élysée et passer le week-end dans leur résidence d'Orvilliers qu'ils se disputaient

Cour d'honneur de l'Élysée avec la flotte de la présidence. Photo prise le 7 avril 1957.

même pour savoir qui aurait le plaisir de prendre le volant du bolide ! Profitant de la belle mécanique allemande, le couple prenait ensuite un malin plaisir à semer la lourde DS officielle qui transportait l'escorte présidentielle !

Un changement sans fin

Lors de la passation de pouvoir avec Raymond Poincaré, Armand Fallières – connu pour son humour – aurait déclaré à son successeur : « La place n'est pas mauvaise, mais il n'y a pas d'avancement. » De l'agitation, en revanche, il y en aurait : nous sommes le 17 janvier 1913 et dans une Europe nationaliste en diable, la première guerre mondiale couve déjà.

Cousin du célèbre mathématicien Henri Poincaré, le nouveau président est issu d'un milieu bourgeois. Particulièrement doué, il était devenu avocat à vingt ans, député à vingt-sept et ministre à trente-quatre. Malgré ses qualités évidentes, son arrivée à l'Élysée est sujette à controverse, car Poincaré ne vient pas seul. Avec sa femme Henriette Benucci, il forme un couple très insolite pour l'époque : la belle Italienne est divorcée d'un premier mari et veuve d'un second, ce que les catholiques de l'époque ont évidemment du mal à accepter. D'ailleurs, Poincaré lui-même n'est guère plus enchanté de son propre emménagement : dans ce qu'il considère comme sa prison, sa première nuit sera blanche. Peut-être était-il déjà conscient des épreuves qui l'attendaient. D'ailleurs,

Vue nocturne de la cour d'honneur
à travers le portail principal.

Portrait photo partiellement coloré de Raymond Poincaré, vers 1913.

avant même le déclenchement de la guerre, le début de son mandat est marqué par un fait divers choquant : Henriette Cailleaux, la femme du ministre des Finances du gouvernement Doumergue, tue à coups de revolver le directeur du *Figaro*, Gaston Calmette, pour avoir mené des mois durant une campagne de presse virulente visant à discréditer son époux. Un crime passionnel pour lequel la coupable sera acquittée le 28 juillet 1914, le jour même de la déclaration de guerre de l'Autriche-Hongrie à la Serbie, un mois après l'assassinat de l'archiduc François-Ferdinand de Habsbourg à Sarajevo, et qui sonne le début de la Première guerre mondiale.

L'offensive allemande d'août, apparemment irrésistible, oblige le gouvernement à se réfugier à Bordeaux, au grand malheur de Poincaré qui ne consent à quitter le palais que la mort dans l'âme. Contre toute attente, la bataille de la Marne repousse toutefois le danger et permet au président de réintégrer rapidement sa résidence officielle. Mais alors que le front s'installe, pour longtemps, à moins de cent kilomètres de la capitale, l'Élysée se calfeutre : des losanges de papier sont collés aux vitres pour qu'elles résistent aux secousses des bombardements. Frustré par la passivité de sa fonction, Poincaré tente comme il le peut de participer à l'effort de guerre. Depuis l'Élysée et avec Henriette, il organise l'envoi de milliers de paquets destinés aux soldats sur le front. Le président n'hésite pas non plus à se rendre en personne dans les vallées de la Meuse et de la Somme, pour soutenir le moral des troupes. Mais l'essentiel de la guerre est pour lui une attente insupportable, ponctuée seulement de quelques promenades dans le parc de l'Élysée... Un incident cocasse a toutefois lieu durant l'été 1917, qui vient égayer le morne quotidien du palais présidentiel : alors qu'elle se repose dans les jardins, Henriette Poincaré tombe nez à nez avec... un chimpanzé, échappé de la ménagerie d'un cirque ! L'animal aurait même tenté d'enlacer la Première dame, sauvée de cet excès d'affection par l'arrivée du personnel. Un peu d'amour au cœur de la Grande Guerre...

À l'heure de la victoire, le président Poincaré ressent un immense soulagement, mais sa popularité n'en profite que bien peu : c'est Clemenceau, le chef du gouvernement, que l'on ovationne. Ce dernier est d'ailleurs pressenti pour briguer l'Élysée, mais lorsque Poincaré termine son mandat le 17 février 1920, c'est finalement Paul Deschanel qui est élu à une majorité écrasante – par une Assemblée majoritairement catholique – face au Tigre.

Né à Bruxelles, car son père s'y était réfugié sous Napoléon III, Paul Deschanel est un esprit brillant et un républicain modéré, considéré comme l'un des meilleurs orateurs de l'époque. Grand séducteur, il est marié à une femme de vingt ans sa cadette, Germaine, aussi discrète qu'élégante. En somme, tout semble réussir à Paul Deschanel. Mais les observateurs les plus attentifs décèlent tout de même, dès son investiture, une certaine fébrilité chez le président, qui est tour à tour surexcité, nerveux ou abattu. Dans les mois qui suivent, ces changements d'humeur ne font que s'accentuer, malgré l'aide que tente d'apporter Germaine à son mari. Lors d'une visite officielle, Deschanel peut se montrer particulièrement chaleureux et envoyer des baisers à la foule, à une époque où ce genre de démonstration ne se fait pas, puis tomber brusquement dans une profonde apathie. Un jour, alors qu'il se trouve dans une phase d'euphorie, un employé du domaine de Rambouillet le surprend même... en train de

Georges Clemenceau. Huile sur toile de Cecilia Beaux (1855-1842), Washington, musée d'art américain Smithsonian.

se tremper les pieds dans un des bassins du parc ! En réalité, le président, d'un naturel anxieux, souffre de dépression et de surmenage. Mais contrairement à une légende qui deviendra tenace, il n'est nullement atteint de démence ou d'une malade neurologique. Et la plupart des bizarreries qui lui ont été attribuées, telles que le fait qu'il grimpait aux arbres de l'Élysée ou signait ses actes du nom de Napoléon, ne sont que pure affabulation !

Malgré l'exagération de la légende, il est clair que l'état de santé du président devenait de moins en moins compatible avec l'exercice de sa fonction, et de plus en plus difficile à cacher au public.

La vérité éclate d'ailleurs au grand jour le 23 mai 1920. Alors qu'il voyage à bord d'un train, Paul Deschanel tombe de sa voiture et se retrouve sur le ballast, sonné, seul au milieu de la nuit noire. C'est un garde-barrière montbrisonnais on ne peut plus circonspect qui recueille un homme en pyjama déboussolé et prétendant être le président de la République ! Alors une question se pose immédiatement : Deschanel aurait-il craqué ? aurait-il voulu en finir avec la fonction suprême ? aurait-il fait une tentative de suicide ? Si la réalité est moins romanesque, elle n'est toutefois pas peu cocasse : le branle du train n'ayant visiblement pas suffi à l'apaiser, Paul Deschanel avait pris des cachets avant de dormir. Sous l'effet de cette médication, le président était entré dans un épisode de somnambulisme qui l'a vu passer par la fenêtre. Tombé de son wagon en pyjama, la première personne que le président rencontre est un ouvrier sur les voies en chantier : « Qui va là ? – Je suis blessé, je suis M. Deschanel, président de la République. » Perplexe, l'ouvrier le conduit chez le garde-barrière, qui déclarera à la presse : « J'avais bien vu que c'était un Monsieur. Il avait les pieds propres. »

Plus de peur que de mal, rassurez-vous : le convoi n'étant pas lancé aux grandes vitesses que l'on connaît aujourd'hui, le locataire de l'Élysée, qui s'en sort avec commotions et égratignures, est en mesure d'assister au Conseil des ministres dès le lendemain. Sous la pression des médecins, Paul Deschanel consent à se reposer quelques semaines durant l'été, mais sans résultat significatif sur son état. Seule une convalescence complète et durable pourra favoriser une rémission. C'est pourquoi le 21 septembre, sept mois seulement après son élection, il renonce à son mandat et quitte l'Élysée pour se soigner. Deux longs séjours dans le Midi puis au sanatorium de Rueil-Malmaison lui permettront de recouvrer toute sa santé. Il reprendra d'ailleurs sa carrière politique l'année suivante, comme sénateur d'Eure-et-Loire.

Dans l'intervalle, Alexandre Millerand a pris ses fonctions à l'Élysée. Comme beaucoup avant lui, le nouveau président est frustré du rôle trop effacé et passif que lui autorise son poste. Il le montre à chaque Conseil des ministres, en donnant un avis bien senti sur toute question se présentant et en accélérant les processus pour les sujets qui lui tiennent à cœur. Mais ce n'est pas encore assez pour cet homme au physique d'*imperator* : pour peser davantage sur la politique, le chef de l'État n'hésite pas à outrepasser quelque peu ses prérogatives, et à recevoir individuellement dans son bureau, membres du gouvernement,

Paul Deschanel, (1855-1922), homme d'État français, élu en 1920 à la présidence de la République. Cliché en noir et blanc par un photographe anglais. (Collection privée.)

préfets et autres grands commis. À l'image de son mari, Jeanne Millerand dirige le palais avec poigne, au point que lors d'une visite officielle, la reine Marie de Roumanie fait remarquer au chef du protocole : « Mais c'est une reine que vous avez là ! » Appréciant les mondanités, Madame Millerand autorise même qu'on pratique lors des bals de l'Élysée quelques danses nouvelles, mais proscrit tout de même le tango et le shimmy, jugés obscènes. Bien que souverains absolus en leur propre domaine, les Millerand ne survivent pas à un long conflit contre une Assemblée dominée par le cartel des gauches et sont finalement contraints de quitter le 55, rue du Faubourg-Saint-Honoré trois ans avant la fin du mandat présidentiel.

Le nouvel entrant, Gaston Doumergue, se distingue de ses prédécesseurs par son accent chantant – il est originaire du Gard, et issu d'une famille de vignerons – et par sa bonhomie naturelle. Pour tous les Français, il devient vite « Gastounet », du surnom que lui avait donné un jour à l'Élysée la comtesse de Noailles : « Vous êtes notre Gastounet national ! » Si l'on se permet ces familiarités avec le chef de l'État, c'est peut-être aussi parce que, chose exceptionnelle, il est encore célibataire lorsqu'il pose ses valises dans la demeure présidentielle. Cela ne devait toutefois pas durer éternellement. Tous les matins en effet, après s'être levé à six heures trente, Gaston Doumergue sort par la petite porte de l'Élysée et se rend à pied au 73 bis,

Alexandre Millerand (1859-1943), président de la République française, à son bureau au palais de l'Élysée avant le Conseil des ministres, samedi 25 septembre 1920. Photographie du journal *Excelsior*.

Portrait de Gaston Doumergue (1863-1937) par Marcel-André Baschet (1862-1941), Versailles, musée de l'Histoire de France.

avenue de Wagram – son ancien domicile, ce qui n'éveille pas les soupçons – pour y prendre le petit-déjeuner avec une certaine Jeanne-Marie Gaussal, professeure de lettres agrégée et veuve d'un premier mari. Cette idylle secrète dure plusieurs années, et l'été, sa promise est même invitée à séjourner au château de Rambouillet, mieux à l'abri des regards indiscrets que l'Élysée. Finalement, le 1er juin 1931, dans le salon Vert du palais, les deux amoureux sont unis civilement par le maire du VIIIe arrondissement. La cérémonie se déroule de façon très discrète, mais au moment de sortir de la pièce, les mariés ont la surprise de découvrir le personnel du palais au grand complet, qui les félicite chaleureusement et leur offre des fleurs ! L'union avait eu lieu douze jours seulement avant la fin du mandat de « Gastounet », qui refuse de se porter candidat à sa réélection. Madame Doumergue restera donc certainement la Première dame dont la présence au 55 fut la plus éphémère !

Qui donc pour succéder à « Gastounet » ? Après un fils de vigneron, c'est le fils d'un ouvrier du Chemin de fer qui pose ses malles dans un Élysée décidément moins aristocratique que par le passé. Intègre et travailleur, Paul Doumer avait perdu quatre de ses fils à la guerre, et n'avait pas voulu profiter de son mandat pour faire réformer deux d'entre eux, pourtant déjà blessés – l'un ne mourra qu'en 1923 des suites de l'inhalation du gaz moutarde. Cette perte terrible explique peut-être que le président se concentre sur son travail, jusqu'à l'ascétisme. Les murs du palais le voient se lever à cinq heures du matin, heure à partir de laquelle il répond à la quasi-totalité de son courrier lui-même. L'idée du repos ou des vacances lui est étrangère, et il ne s'autorise pas même un petit remontant pour supporter les tracas qu'impose l'office : il ne boit que de l'eau. Madame Doumer, austère et digne, conservera le noir toute sa vie en mémoire de ses quatre fils disparus et de sa fille Lucile, que l'on dit morte de chagrin suite au décès de ses frères. Lorsque le président n'officie pas, c'est-à-dire rarement, les Doumer mènent à l'Élysée une existence simple, seulement égayée par leurs filles Hélène et Germaine, qui bien que déjà adultes vivent avec eux au palais. Mais le sort n'avait pas fini de s'acharner sur cette famille déjà meurtrie… Moins d'un an après son accession au pouvoir, le 6 mai 1932, alors qu'il inaugure un Salon littéraire, Paul Doumer est la cible de plusieurs coups de feu, tirés par un immigré soviétique dont les motivations restent obscures. Grièvement blessé, le président est transporté à l'hôpital Beaujon – fondé, on s'en souvient, par un lointain prédécesseur au palais… – où il décède dans la nuit. Une nouvelle fois, l'Élysée est endeuillé. La grande verrière est parée de draps noirs, la foule se presse au palais pour rendre un dernier hommage au digne

À l'Élysée, Monsieur Cazals appelé par Monsieur Doumergue pour donner son avis sur la situation politique, environné par les photographes et les cinéastes au sortir du cabinet de Monsieur Doumergue. Photographie prise à Paris le 7 novembre 1929. (Collection particulière.)

L'hommage populaire à Paul Doumer.
Toute la journée une foule émue a défilé pour lui rendre hommage, à l'Élysée.

chef de l'État. Anéantie par ce nouveau drame, Madame Doumer ne devait pas survivre un an à son mari.

Élu sans grand mérite – son adversaire s'est désisté – le 10 mai 1932, réélu à la veille de la seconde guerre mondiale, Albert Lebrun devait connaître un mandat particulièrement agité, en raison d'une instabilité ministérielle qui atteint son paroxysme : pas moins de dix-huit gouvernements se succéderont en sept années, parmi lesquels celui du Front populaire mené par Léon Blum, et celui du si populaire « Gastounet », appelé à la rescousse au plus fort de la crise. Respectueux des institutions qui limitent le rôle du président de la République, Albert Lebrun adopte au milieu de ce tourment une attitude neutre et passive, qui n'est peut-être pas pour rien dans l'attentisme qui favorise la montée de la menace hitlérienne. À défaut de prendre à bras le corps les problèmes du pays, le nouveau chef de l'État se charge au moins de résoudre ceux du palais de l'Élysée, qui est alors loin de répondre aux exigences du confort moderne. C'est donc sous son égide qu'on installe le chauffage central dans l'ensemble du palais, jusqu'ici encore chauffé à la cheminée et aux poêles ! Cela profite entre autres à Madame Lebrun, une femme discrète mais accomplie, parlant couramment l'anglais et l'allemand, formidable pianiste, et pratiquant aussi à ses heures la peinture, la sculpture, la danse, la gymnastique, et même le tennis ! C'est d'ailleurs pour elle que l'on emploie pour la première fois en France le terme de *First Lady* (« Première dame »), apparu dans la presse à l'occasion de sa rencontre avec le couple présidentiel américain, Eleanor et Franklin D. Roosevelt. Pour se rendre en Amérique, Marguerite avait embarqué à bord du magnifique paquebot *Normandie*, fleuron de l'excellence à la française et symbole d'une industrie en plein essor, pour sa traversée inaugurale. Mais à l'Élysée, Albert Lebrun prévoyait déjà des jours plus sombres : en 1937, on aménage un abri antiaérien, en prévision d'une guerre qui semble désormais difficilement évitable.

Le 10 juin 1940, alors que la Wehrmacht avance irrésistiblement vers Paris, l'Élysée accueille son dernier Conseil des ministres de la IIIe République. Le gouvernement, président de la République inclus, décide alors de quitter Paris pour la Touraine, après quoi il se retirera à Bordeaux puis à Vichy, où Pétain devait être désigné président du Conseil. Albert Lebrun, qui désapprouvait l'arrivée du maréchal sans pouvoir s'y opposer, est alors évincé, sans toutefois avoir jamais démissionné officiellement de sa fonction.

Quelques jours plus tôt, au petit matin du 14 juin, alors que les bottes de la Wehrmacht résonnaient sur les Champs-Élysées, les Allemands hissaient la sinistre croix gammée sur le toit de l'Élysée. Hitler renonce toutefois à occuper la demeure, et refuse également qu'il soit utilisé par Pétain. Seul l'amiral Darlan, commandant en chef des forces françaises du régime de Vichy,

Septembre 1939 : les ministres sur le perron de l'Élysée après le décret de mobilisation générale.

obtiendra de s'y installer durant quelques mois en 1942. Pour le reste, le palais se trouve sous la garde de son concierge Jean-Baptiste Hanotaux, un ancien Poilu qui veille scrupuleusement sur les vieux murs. Seules les carpes des bassins du jardin feront les frais des restrictions alimentaires subies au cours de l'Occupation… À la Libération, l'Élysée est repris le 24 août par une section de gardes républicains, mais il ne sera pas utilisé par le gouvernement provisoire, le général de Gaulle préférant loger à l'hôtel de Brienne, siège du ministère de la Guerre.

L'histoire secrète

DE VIZILLE À LA LANTERNE, DE VIEILLES PIERRES PRÉSIDENTIELLES

Longtemps, les présidents profitèrent du château de Vizille, en Isère. Déposé au centre d'un parc de 100 hectares et dominant une petite bourgade de moyenne montagne, la demeure appartenait à la famille Casimir-Perier. À ce titre, il avait notamment accueilli Adolphe Thiers et Sadi Carnot. Ce n'est toutefois qu'en 1924 que le domaine de Vizille fut acheté par l'État, pour devenir une résidence officielle. Gaston Doumergue, Albert Lebrun et Vincent Auriol y effectuèrent de longs séjours. Quant à René et Germaine Coty, ils y passèrent chaque été entre 1954 et 1958. Cédé au département de l'Isère en 1973, le château abrite désormais le musée de la Révolution française.
Plus proche de Paris : le petit domaine de Souzy-la-Briche, en Essonne, simple maison de maître accompagnée d'un parc est la plus discrète et la plus secrète des résidences présidentielles. Son hôte le plus assidu fut certainement François Mitterrand, qui venait presque chaque week-end y retrouver Anne Pingeot et sa fille cachée Mazarine, pour laquelle il fit aménager un petit parcours hippique. Bernadette Chirac et sa fille Claude y séjournèrent également. Nicolas Sarkozy, lui, jeta son dévolu sur le pavillon de la Lanterne, à Versailles, ce qui ne manqua pas de faire grincer des dents, puisque cette résidence était traditionnellement mise à la disposition du Premier ministre. Situé dans l'enceinte même du parc de Versailles, le domaine de la Lanterne trouve ses origines dans un simple pavillon de chasse édifié à la veille de la Révolution, et tire probablement son nom du lanternon qui couronnait l'ancienne ménagerie royale, toute proche.

Le château de Vizille et son parc, en Isère.
Le château accueille désormais le musée de la Révolution.

MUSEE DE LA REVOLUTION FRANCAISE

Les lettres de noblesse retrouvées

Un palais qui a vu passer aristocrates, rois et empereurs abritant désormais un socialiste... qui l'eût cru ? C'est pourtant chose réelle le 16 janvier 1947, lorsque Vincent Auriol, premier président socialiste, pose ses valises à l'Élysée. Fils d'un boulanger de Haute-Garonne, il avait voté contre l'octroi des pleins pouvoirs à Pétain, avant de prendre le maquis et de rejoindre de Gaulle en Angleterre.

Conciliant et affable, il forme avec sa femme Michelle – elle aussi résistante durant la guerre – un couple uni. C'est à cette dernière, l'une des plus estimées des épouses de présidents, que l'on doit la remise en état de l'Élysée, terni par quelques années d'abandon relatif. Rénovation des boiseries, restauration des peintures, ravalement des façades... tout y passe ! Profitant de cette réfection, Madame Auriol souhaite épurer quelque peu une décoration surchargée de meubles et potiches accumulés tout au long de la IIIe République. Aidée par son fils Paul et sa belle-fille Jacqueline, elle déménage elle-même les innombrables bibelots... sous l'œil désapprobateur des huissiers de l'Élysée, en poste pour certains depuis plusieurs décennies et qui acceptaient mal de voir leur

Visite officielle de la reine Élisabeth II en France, en avril 1957.
Elle est conviée à un banquet donné à l'Élysée par le président René Coty.

cadre de vie chamboulé sans même qu'on fît appel à eux ! Si bien qu'un matin, au lendemain d'une rude journée de nettoyage par le vide, la Première dame a la mauvaise surprise de découvrir, à leur place habituelle, toutes les vieilles potiches déménagées la veille ! Cédant à une colère froide, elle s'empare alors d'un vase en porcelaine de Sèvres, et menace les huissiers : « Si vous ne m'enlevez pas cette horreur, je la laisse tomber par terre et vous en serez personnellement responsables ! » Désormais, Madame Auriol ne rencontrera plus d'opposition à ses projets de modernisation. Loin de se contenter de ces aménagements intérieurs, elle décide également de supprimer la grande verrière qui encombrait la cour d'honneur et défigurait la façade du palais. Elle fait en outre remplacer les portes du vestibule principal par de grandes portes en verre, qui apportent un peu de modernité au palais tout en le rendant plus accueillant. On se

Palais de l'Élysée, façade sur cour, Paris, vers 1910.
La façade est entièrement rénovée sous la supervision de la Première dame, qui commande notamment le retrait de la verrière et de l'horloge.

débarrasse également de l'horloge de Jules Grévy, qui donnait à la façade de faux airs d'une gare, de même que de la marquise de Napoléon III donnant sur le jardin. Enfin, les massifs réverbères de la cour d'honneur sont remplacés par d'élégantes lanternes en fer forgé. Grâce à la Première dame, l'Élysée retrouvait de sa superbe. Oubliée la « gare de province », nous nous trouvons de nouveau dans un véritable palais républicain.

En outre, Michelle Auriol fait preuve d'un don certain pour l'art de recevoir. Elle réaménage les appartements de l'étage pour qu'ils puissent accueillir les chefs d'État ou souverains étrangers de passage en France, le palais retrouvant ainsi une fonction qui lui avait échu dès le règne de Louis XV. Au cours du septennat, l'Élysée recevra ainsi la visite de la reine Juliana des Pays-Bas, du président de la République italienne, ou encore de la princesse Élisabeth, future reine d'Angleterre. Particulièrement sensible à la satisfaction de ses hôtes, Michelle Auriol a la délicatesse de décorer les appartements de tableaux en relation avec le pays de chacun de ses locataires : un Canaletto pour le président italien, un Turner pour la future reine d'Angleterre, ou encore plusieurs Jongkind – un précurseur de l'impressionnisme – pour la reine Juliana. La Première dame va jusqu'à conserver les menus de chaque dîner, de façon que lors d'un prochain séjour, il ne soit jamais servi le même plat à un chef d'État. Enfin, Michelle Auriol n'est pas contre le fait d'introduire un peu de modernité à l'Élysée. Le Salon des paysages accueille ainsi un petit bar avec des tabourets de cuir noir, tandis qu'aux murs sont accrochées des toiles de Georges Braque ou de Raoul Dufy.

Vincent Auriol ayant renoncé à briguer un second mandat, les parlementaires ne parviennent pas à désigner un successeur capable d'obtenir la majorité absolue. Finalement, au bout de sept jours de vote et d'un treizième – vous avez bien lu ! – tour de scrutin, René Coty est élu président de la République. Ancien vice-président du Conseil, peu connu du grand public, il n'avait

Les horlogers du palais remontent les horloges.
Photo prise entre 1951 et 1952, issue d'une série consacrée au personnel de l'Élysée.

même pas fait acte de candidature… et avait subi une opération de la prostate au moment du scrutin !

Avant même que les députés n'aient achevé un vote dont on pressent déjà l'issue, les journalistes se précipitent au domicile du futur président, qui réside dans un modeste quatre pièces, au numéro 5 du quai des Fleurs, sur l'île de la Cité. C'est Madame Coty qui leur ouvre la porte. Bien en chair, vêtue d'un tablier et les mains pleines de farine, elle était en train de préparer une tarte pour son mari ! Lequel, à peine remis de sa surprise et tout à fait impréparé, sera conduit à l'Élysée dans un costume bleu fripé, la cravate de travers. Mais si René Coty – au contraire de sa cravate – est un homme droit et simple qui exerce sa fonction avec responsabilité, c'est bien vers Germaine Coty

Les jardiniers du palais de l'Élysée. Photo prise entre 1951 et 1952, issue d'une série consacrée au personnel de l'Élysée.

Célébration du 1er Mai : le président René Coty et son épouse Germaine recevant au palais de l'Élysée la reine des Halles et un représentant des forts des Halles qui lui tendent le traditionnel bouquet de muguet ; Madame Coty avec la reine des Halles, et l'une de ses filles d'honneur.

que se tournent tous les regards. Au grand mécontentement de l'intéressée qui se désole de voir sa photo dans les journaux : « Regardez-moi ça, je ne prétends pas être mince, mais enfin tout de même… » ! Les chansonniers ne se gênent d'ailleurs pas pour la surnommer « Madame sans gaine ». Ils devront toutefois renoncer bien vite à leurs quolibets, car la nouvelle Première dame, déjà grand-mère de dix petits-enfants, conquiert immédiatement le cœur des Français par sa profonde gentillesse et sa simplicité. Ses petites attentions pour le personnel de l'Élysée sont restées célèbres, mais la Première dame ne se limite pas à cela : lors d'un séjour estival au château de Vizille, elle offre des viennoiseries aux enfants qui la suivent dans la rue lors d'une promenade. Et à Rambouillet, elle sert même de guide improvisée à des étudiantes américaines visitant le château, lesquelles repartent enchantées de l'aménité de leur hôtesse… qui ne leur a jamais révélé son identité ! Outre ces multiples anecdotes révélatrices de sa bienveillance, Madame Coty passe cinq à six heures par jour à se dévouer pour des services sociaux ou des œuvres caritatives.

Le couple présidentiel vit au premier étage de l'Élysée, dans seulement quatre pièces, pour un palais qui en compte trois cent soixante-cinq. Au second étage toutefois, Germaine Coty a fait aménager quelques pièces supplémentaires pour accueillir leurs deux filles et leurs nombreux petits-enfants. Au quotidien, le couple présidentiel sollicite le moins possible le personnel, lorsqu'ils peuvent se débrouiller seuls. Et même en public, chacun désigne son partenaire par son prénom : « Avez-vous vu René ? », s'enquiert auprès des huissiers Madame Coty ; « Demandez donc à Germaine », répond le président à ses collaborateurs. Le seul luxe que s'offrent les deux époux se trouve à l'extérieur : passionnés de fleurs, ils en font planter partout, et discutent longuement en connaisseurs avec le jardinier de l'Élysée, qui aura rarement été à pareille fête !

Mais à trop vouloir penser aux autres, la Première dame ne se ménage pas autant que ses soixante-neuf ans devraient l'y inciter. Le 12 novembre 1955, la France apprend le décès de Germaine Coty, dans la nuit, au château de Rambouillet, après qu'elle ait montré la veille des signes de grande fatigue. L'annonce de cette mort soudaine plonge les Français dans l'émotion et le deuil. Pour la plupart, la si sympathique Madame Coty était une figure rassurante, qui faisait presque partie de famille. Dès le lendemain, le centre de triage de la Poste du VIIIe arrondissement est submergé de milliers de lettres et de cartes à l'attention du président, par lesquelles les Français témoignent de leur affection envers la défunte. Lors des obsèques célébrées à la Madeleine, malgré son emprise sur lui-même, René Coty est en larmes. Il envisage sérieusement de démissionner de son office. Mais conscient que son départ serait synonyme de faillite du régime,

Une foule vient signer
le livre de condoléances
à l'Élysée le 15 novembre 1955,
après le décès de Germaine Coty.

René Coty (à gauche) et
Charles de Gaulle, chargé
de constituer un nouveau
gouvernement, devant
le palais de l'Élysée.

il choisit d'aller au bout de son mandat, dans un Élysée où tout lui rappelle sa compagne.

Le président Coty n'aura que retardé l'échéance. Le 13 mai 1958, en pleine guerre d'Algérie et alors que les gouvernements tombent les uns après les autres, le putsch d'Alger fait craindre un coup d'État militaire en métropole. En dernier espoir, René Coty appelle celui qu'il nomme « le plus illustre des Français », Charles de Gaulle, à mettre sur pied l'ultime gouvernement de la IVe République. Le 4 octobre de la même année, sous l'égide du Général, la France changeait de régime. Fidèle à son poste, René Coty assure la transition jusqu'à la première élection présidentielle de la Ve République, qui se déroule en décembre. Son attitude avait probablement sauvé le pays d'une crise grave. Le 8 janvier, c'est évidemment à de Gaulle lui-même qu'il transmet ses pouvoirs, en déclarant que « le premier des Français est désormais le premier en France ». À l'initiative de Radio Luxembourg, qui propose à ses auditeurs de remercier René Coty de son travail, des milliers de cartes affluent à nouveau à l'Élysée, avec la mention : « Merci, Monsieur Coty ! »

René Coty a reçu une grande quantité de lettres de soutien. Photo datée du 23 décembre 1958.

L'histoire secrète

DES CUISINES AU BUNKER, UN SOUS-SOL ÉLECTRIQUE

Les sous-sols de l'Élysée regorgent de trésors inattendus. À commencer par les cuisines, qui sont situées dans les caves voûtées sous l'aile ouest du palais, autour d'une petite cour. Aménagées ici par Vincent Auriol et perfectionnées par la suite, elles se développent sur près de 500 mètres carrés et abritent aujourd'hui un équipement que ne renieraient pas les plus grands restaurants étoilés : divers fours, étuves, chambre froide, rôtissoires, laminoir à pâte feuilletée… Et surtout une incomparable batterie de cuisine, comprenant trois à quatre cents casseroles, poêles, braisières, sauteuses, marmites et autres, toutes en cuivre et fabriquées par le meilleur expert en la matière, Mauviel, entre 1845 et 1865. Tout cela au service d'une brigade de vingt cuisiniers permanents, sous l'égide d'un chef meilleur ouvrier de France. Il fallait bien tout cela pour la première table du pays de la gastronomie. Et puisque, selon le décompte du général de Gaulle lui-même, notre nation peut se vanter de déguster deux cent cinquante-huit sortes de fromage, l'ensemble est évidemment complété par une vaste cave, abritant près de quinze mille bouteilles des meilleurs vins.

C'est aussi dans ce secteur des sous-sols que se trouvent les vestiaires utilisés lors des grandes réceptions. Sous le corps principal du palais est installé le local de la Garde républicaine, les ateliers des fleuristes, celui des tapissiers… et même un dojo ! Aménagé durant le quinquennat de Nicolas Sarkozy, il sert à l'entraînement des gardes républicains qui veillent à la sécurité du président. Dans le secteur ouest se situe aussi le garage, où sont soigneusement entretenues les voitures officielles. Mais c'est sous le jardin d'hiver que se loge la pièce la plus étonnante des sous-sols : une petite salle de cinéma, créée par Georges Pompidou en 1971 et encore dotée d'une vingtaine de fauteuils « bulles » créés par Philippe Starck. Enfin, c'est évidemment sous terre qu'a été établi le centre de commandement atomique Jupiter, aménagé dans le bunker créé sous la présidence d'Albert Lebrun.

Vue de la cuisine durant le mandat
du président Vincent Auriol.
Photo prise entre 1951 et 1952, issue d'une série
consacrée au personnel de l'Élysée.

Le palais des femmes

Plus habitué à la rigueur des institutions militaires ou au calme rural de son domaine de la Boisserie à Colombey-les-Deux-Églises, le Général ne se plaît guère au milieu des salons feutrés du palais. Il n'aime pas cet hôtel urbain aux accents bourgeois, bordé de rues bruyantes, et trouve même les enseignes de certains magasins – en particulier celle d'un dératiseur ! – indignes de côtoyer la résidence présidentielle. Il choisit pourtant de dormir dans une chambre donnant directement sur la petite rue de l'Élysée, où il fait installer un lit de deux mètres dix. Un minimum pour accueillir confortablement le mètre quatre-vingt-seize du « plus grand des Français » !

Surtout, le général de Gaulle donne à l'Élysée son organisation fonctionnelle définitive, au moins dans ses grandes lignes. Désormais, le rez-de-cour du corps principal et l'aile ouest seront dévolus aux réunions gouvernementales, aux réceptions d'apparat et aux autres cérémonies officielles ; l'étage du corps principal accueillera quant à lui les bureaux du chef de l'État et de ses services et collaborateurs ; l'aile orientale, les appartements privés du président

Jackie Kennedy et Charles de Gaulle posent devant l'Élysée, lors d'une visite officielle du couple présidentiel américain. Photo prise en 1961.

et de sa famille. Enfin, de part et d'autre de la cour d'honneur, les communs accueillent les services techniques et administratifs. Pour y installer son bureau, le Général choisit le Salon doré, la plus grande pièce de l'étage du corps principal, située en plein centre du bâtiment du côté des jardins. C'est, vous le savez maintenant, l'ancienne chambre de l'impératrice Eugénie. D'ailleurs, d'autres pièces de l'étage connaissent des reconversions étonnantes : avant que les travaux ne soient menés à bien, des salles de bains sont investies par des sténodactylos, et on entasse des dossiers dans la baignoire de l'impératrice !

Contrairement à son mari, Madame de Gaulle – surnommée affectueusement « tante Yvonne » par les Français – semble s'accommoder assez bien de l'Élysée. Reprenant le rôle traditionnel des Premières dames, elle supervise minutieusement l'organisation des grandes réceptions officielles, tout particulièrement la composition des menus concoctés par le chef cuisinier. Et pour le quotidien, il n'est pas rare qu'Yvonne de Gaulle aille faire ses courses elle-même, place de la Madeleine ou sur la rive gauche au Bon Marché. En outre, les de Gaulle mettent un point d'honneur à régler de leur poche les factures de gaz et d'électricité de leurs appartements privés à l'Élysée. Bien sûr, tante Yvonne est loin d'avoir la bonhomie d'une Germaine Coty ou l'aura d'une Michelle Auriol – elle est d'ailleurs consciente de cet abord plus sec, et regrette de ne savoir se montrer sous un jour plus favorable. Mais les Français respectent sa droiture, ainsi que le grand courage dont elle fera preuve lors de l'attentat du Petit-Clamart.

Le président, lui, rêve de loger ailleurs que dans ce qu'il juge être – non sans raison – un « palais de femmes ». Il songe à des édifices plus vastes et d'aspect plus noble et plus martial : l'hôtel des Invalides, l'École militaire peut-être. L'espace d'un instant, il envisage même l'hypothèse des Tuileries, pourtant détruites depuis 1871 mais pour lesquelles l'idée d'une reconstruction est alors au goût du jour. Cependant, de toutes les résidences

Yvonne de Gaulle à son arrivée au Palais de l'Élysée à l'occasion de la réception du 14 juillet. Photographie, années 1960.

imaginées, c'est la forteresse de Vincennes qui tente le plus de Gaulle. Une grande demeure, bien sécurisée, à l'écart de l'agitation de la capitale... Et surtout un château, un vrai : l'un des plus grands de France, avec ses tours et son donjon du XIVe siècle. En un mot, une résidence à la mesure du Général ! Le chef de l'État considère sérieusement cette option et engage des travaux de restauration. Mais ses conseillers le ramènent à la réalité : un président de la République emménageant dans un ancien château fort royal, à l'écart du peuple, voilà qui serait bien mal perçu. « Et puis, ajoute finalement de Gaulle convaincu, on m'accuserait d'avoir la folie des grandeurs... » D'ailleurs, le décor ne compte pas, les grands hommes peuvent écrire l'histoire n'importe où. Pour de Gaulle ce sera donc dans ce palais qu'il n'apprécie pas. Et c'est précisément dans le salon Murat que le président français signe avec le chancelier Konrad Adenauer le pacte d'amitié franco-allemand, le 22 janvier 1963, le « traité de l'Élysée ». Les mauvais souvenirs de la seconde guerre mondiale sont définitivement enterrés, et l'avenir d'une Europe désormais pacifiée peut s'écrire sereinement.

Réélu en 1965 au suffrage universel avec 55 % des voix, le général de Gaulle est toutefois déçu de son score, et d'avoir dû

L'histoire secrète

LE FORT DE BRÉGANÇON À BORMES-LES-MIMOSAS, RÉSIDENCE D'ÉTAT OFFICIELLE DEPUIS 1968

Si l'Élysée peut se targuer d'avoir une histoire multicenaire, le fort de Brégançon n'a rien à lui envier. Bien avant de devenir un lieu de villégiature présidentielle, la résidence varoise fut un château fort. Le piton rocheux dominant la mer d'une trentaine de mètres a été fortifié par Charles d'Anjou au milieu du XIIIe siècle, époque dont il demeure une impressionnante porterie à deux tours cylindriques. Surveillant efficacement la rade de Toulon et celle de Hyères, la place est encore renforcée au cours de l'époque moderne. À la Révolution, le général Bonaparte – futur Napoléon – fait armer les lieux d'une batterie de vingt-trois canons, tandis qu'il s'empare du port de Toulon au détriment des royalistes. Bien qu'ayant perdu son attribution militaire, le fort appartient toujours à l'État, alors que dans la première moitié du XXe siècle, l'industriel Robert Bellanger s'y installe en tant que locataire et y fait aménager une petite résidence. Sous la IVe République, le fondateur des Automobiles Bellanger Frères y reçoit les présidents Vincent Auriol et René Coty. C'est en 1964, comme il participe aux commémorations du débarquement de Provence, que le général de Gaulle loge pour la première fois dans la forteresse. Il n'y reste qu'une nuit – troublée par des moustiques, et un lit évidemment trop petit –, mais lui donne le statut de résidence présidentielle en 1968. De nouveaux travaux sont alors entrepris pour améliorer le confort de l'ancien château, dont les caractéristiques étaient par ailleurs bien adaptées aux exigences sécuritaires d'une demeure présidentielle. À deux pas de Saint-Tropez, profitant d'une vue extraordinaire sur la Méditerranée et d'une plage privée, le fort de Brégançon est désormais apprécié de la plupart des présidents, qui y séjournent volontiers durant leurs vacances d'été. Pour y accéder, il faut emprunter le Chemin du Grand-Duc,

Le fort de Brégançon à Bormes-les-Mimosas, résidence d'État officielle depuis 1968.

sur la propriété des Grands-Ducs du Luxembourg, la Tour Sarrazine à Cabasson.

Jacques Chirac, qui avait passé une partie de son enfance dans le Var, apprécie particulièrement ses moments au fort. Et je ne céderai pas ici à la tentation de vous rappeler cet été où, accoudé à un balcon, le Corrézien a été photographié dans le plus simple appareil. Le seul accessoire que le président portait sur lui était… une paire de jumelles, avec laquelle il aurait épié son prestigieux voisin, le champion de Formule 1 Michael Schumacher, dont le yacht mouillait au large !

se soumettre à un second tour alors qu'il se voyait vainqueur au premier et n'avait quasiment pas fait campagne. Il faut dire qu'en dépit d'un Premier ministre apprécié, Georges Pompidou, un fossé se creusait lentement entre le héros de la Résistance et la France en pleine mutation des Trente Glorieuses. Les événements de Mai 68 ne devaient que le confirmer, car le Général ne comprend guère les revendications des étudiants et semble désemparé devant le mouvement, hésitant à employer la force militaire contre des jeunes gens agités. À l'Élysée, on craint même que les émeutiers ne poussent jusqu'au palais, et l'on envisage la possibilité d'évacuer le chef de l'État par hélicoptère.

Mais de Gaulle n'allait pas tarder à se reprendre. Si l'appel du 18 Juin a été prononcé depuis Londres, l'Élysée devait être le théâtre d'une allocution non moins importante : le 30 mai en

Le Salon doré devient le bureau du général de Gaulle. Les sculptures sont d'Ovide Savreux, vers 1861, tandis que les peintures ont été réalisées par Jean-Louis Godon pour l'impératrice Eugénie.

effet, au lendemain de son entrevue secrète avec le général Massu à Baden-Baden, c'est depuis le palais que le chef de la France libre annonce son maintien à la tête de l'État et la dissolution de l'Assemblée. Convaincus par la voix assurée du Général qui vient de résonner dans leur transistor, un demi-million de Français battent le pavé des Champs-Élysées tout proches pour assurer leur soutien au président et à l'ordre républicain. De Gaulle avait gagné la partie. Mais pour lui, la confiance avec le peuple français était rompue. Dès l'année suivante, à l'occasion d'un référendum, le Général met sa démission dans la balance… et perd le scrutin. S'estimant désavoué par les Français, il quitte l'Élysée dès le lendemain, en passant par la grille du Coq et non par la cour d'honneur, pour rejoindre sa demeure familiale en Haute-Marne. C'est depuis Colombey qu'il annonce renoncer à ses fonctions, par un communiqué laconique. Au moins de Gaulle était-il débarrassé d'un palais qu'il ne portait pas dans son cœur, mais il n'en est pas moins meurtri par ce désamour d'un peuple qui lui devait pourtant son salut moral.

Un mois et demi plus tard, les Français élisent Georges Pompidou, qui a été durant sept ans le Premier ministre du Général et qui songeait depuis longtemps à passer de son bureau de Matignon au Salon doré. Pourtant, à l'image de son prédécesseur, Pompidou n'était pas enchanté à l'idée de loger à l'Élysée, estimant qu'il y avait « quelque chose d'anormal et d'anachronique » à y « enfermer le président de la République ». Premier ministre, il avait d'ailleurs continué d'habiter son appartement du quai de Béthune, sur l'île Saint-Louis, n'utilisant Matignon que comme lieu de travail. Mais cette fois il faut bien se plier à la tradition.

Pour rendre le séjour plus agréable toutefois, Claude Pompidou allait mettre la demeure à son goût… en réalisant les transformations les plus hardies jamais entreprises au xxe siècle dans le palais. L'ancien hôtel d'Évreux – ou du moins quelques-unes de ses pièces – et ses murs plus que centenaires allaient faire leur entrée dans la modernité la plus radicale.

Pour cela, le président pouvait compter sur son épouse, qui partage avec son mari un goût prononcé pour toutes les formes d'art – contemporain en tête. Au palais, elle procède d'abord par petites touches : ici quelques toiles de Giacometti ou de Max Ernst, là un mobile du plasticien Yaacov Agam… Mais bientôt, alors même que s'ouvrait à Paris le chantier de ce qu'on appellera bientôt le Centre Pompidou et qui nécessita pour cela la destruction d'un quartier médiéval contre laquelle nombre de Français s'élevèrent, le couple présidentiel n'hésite pas à transformer des pièces entières pour que l'Élysée devienne une vitrine de l'art contemporain le plus audacieux, quitte à sacrifier la décoration Napoléon III de quelques pièces de l'aile orientale. Avec les salons dorés hérités de l'hôtel du xviiie siècle, la rupture est totale. Confiée à l'artiste plasticien Agam, l'antichambre des appartements privés est un espace déroutant, fermé par de grands panneaux de plexiglas translucides aux couleurs de l'arc-en-ciel et intégralement recouvert de quadrilatères abstraits de sept cents couleurs différentes, qui se répandent sur l'immense tapis de laine couvrant le sol. Au centre, une sculpture cinétique en acier composée d'une sphère et d'un triangle. Vient ensuite le Salon des tableaux, mis entre les mains cette fois du *designer* Pierre Paulin, qui y dispose ses fameux fauteuils et canapés, d'où les visiteurs bien installés peuvent contempler les toiles d'art moderne choisies par le couple présidentiel : Matisse, Delaunay, Vasarely ou encore Kupka. À nouveau confiée à Pierre Paulin, la pièce suivante est quant à elle convertie en fumoir, car le président ne se trouve jamais sans sa cigarette. Profitant de l'alcôve de l'ancienne bibliothèque, le *designer* crée ici un décor digne du film *2001, l'Odyssée de l'espace*, sorti trois ans plus tôt, comprenant notamment une sorte d'abside matelassée qui semble comme parée d'une voûte d'ogives moder-

Le président George Pompidou en compagnie de son épouse Claude dans les jardins de l'Élysée, après son élection.

nisée. Enfin, à l'emplacement de la chambre de Napoléon III, les Pompidou font aménager une salle à manger, l'occasion pour Paulin d'illustrer encore sa virtuosité, cette fois sous la forme d'un plafond tout entier recouvert d'un immense lustre constitué de neuf mille tiges et billes de verre suspendues, dans la continuité des parois murales réalisées en polyester. Le tout est meublé de deux vastes tables rondes et de deux douzaines de chaises au dessin soigné, dont les pieds sont peints au « Nextel », une peinture à base de plastique utilisée notamment… dans le programme Apollo ! Cette fois, plus de doute, l'Élysée entrait résolument dans la modernité. Mais s'il a fait preuve d'une grande

▲——
La salle à manger, réaménagée en 1972 par Pierre Paulin sous la présidence de Georges Pompidou.

audace, le couple Pompidou avait trop de culture – le président est normalien – pour ne pas respecter une demeure historique : toutes ces nouvelles pièces avaient été conçues comme des structures autoportantes, seulement appuyées contre les murs. La réversibilité était ainsi assurée ; on pourrait se séparer de ces décors futuristes sans toucher à l'intégrité du monument.

Cette modernité qui force les portes de l'Élysée est aussi celle de la France des Trente Glorieuses. Pour l'automobile triomphante, on construit le boulevard périphérique et un premier réseau d'autoroutes. L'industrie nucléaire débute son essor et fournit aux Français une électricité abondante et bon marché. En Alsace, les premiers essais d'un train à grande vitesse sont réalisés. Sur la scène internationale, l'Europe poursuit sa construction, avec de plus en plus de retombées économiques concrètes, comme la création du consortium franco-allemand Airbus voit le jour. Malgré son apparente austérité, le président lui-même n'était pas le dernier à profiter de cette modernité nouvelle : outre son goût pour l'art contemporain, « Pompon » est un passionné d'automobile et roule, on l'a dit, dans une Porsche 356 sur des routes où les limitations de vitesse n'existent pas encore… Maîtresse des élégances, Claude Pompidou ne s'habille que de Dior, Chanel ou Yves Saint Laurent et incite son mari à porter des costumes Pierre Cardin. Cet amour du luxe – j'oserai même dire du *beau* – pousse d'ailleurs la presse d'opposition à comparer la Première dame à Marie-Antoinette, tandis que *Le Canard enchaîné* la surnomme « Madame de Pompidour », en référence à une illustre

L'une des pièces réaménagées
durant le mandat de Pompidou.

L'histoire secrète

LA VISITE DE BRIGITTE BARDOT

D'un côté, la discrétion et la rigueur catholique d'une bonne ménagère de l'avant-guerre ; de l'autre, l'incarnation du *sex-appeal* et de la femme libérée des *sixties*. Difficile d'imaginer deux femmes plus diamétralement opposées qu'Yvonne de Gaulle et Brigitte Bardot. Et pourtant, elles devaient se croiser un soir de décembre 1967 à l'Élysée, à l'occasion de la cérémonie des Arts et des Lettres, organisée chaque année par la présidence pour rendre hommage à quelques-unes des plus grandes personnalités françaises dans le domaine de la culture. Cette année seront présents notamment Jean-Paul Belmondo, Raymond Devos, Louis de Funès et Brigitte Bardot. Un grand jour pour le général de Gaulle, qui rêve depuis longtemps de rencontrer la star de *Et Dieu créa la femme*, dont il avait pu admirer le talent dès 1959 dans *Babette s'en va-t-en guerre*, où elle incarnait une héroïne de la Résistance. Sans doute n'était-il pas non plus insensible à la plastique parfaite de celle qui était alors l'actrice la plus célèbre du monde. Ce qui avait retardé l'arrivée de la star, c'était peut-être l'hostilité sourde d'Yvonne de Gaulle, qui n'appréciait guère le côté sulfureux de sa rivale, « cette chose qui se promène toute nue », aurait-elle lancé un jour ! Mais pour mettre toutes les chances de son côté, l'actrice avait soigneusement choisi sa garde-robe. Le soir fatidique, elle foule le gravier de la cour de l'Élysée, cheveux aux vents, dans une superbe tunique noire inspirée d'un uniforme de hussard avec brandebourgs dorés. Charmé par cette apparition, le général de Gaulle lui aurait déclaré pour l'accueillir : « Madame, je suis un militaire en civil. Et vous qui êtes civile, vous êtes en militaire ! » Avant de la complimenter pour son rôle dans *Viva Maria !*, de Louis Malle, que le Général avait apprécié. Ainsi débuta la seule et unique rencontre entre ceux qui étaient alors les deux Français vivants les plus célèbres du monde. Les deux protagonistes en gardèrent de bons souvenirs, puisque Brigitte Bardot regretta toujours de n'avoir pu mieux

L'actrice Brigitte Bardot arrivant au palais de l'Élysée.

connaître le Général, tandis que ce dernier devait évoquer souvent, au cours de dîners en famille, l'apparition de la star dans son uniforme noir. Sous l'œil toujours vigilant de tante Yvonne, qui semblait toutefois avoir perdu beaucoup de sa défiance envers B.B.

prédécesseure à l'Élysée. À sa décharge, Claude Pompidou n'est pas aussi dispendieuse que l'ancienne favorite, car ses tenues lui sont prêtées gratuitement par les maisons de couture, ravies de trouver en elle une ambassadrice. D'ailleurs, s'il ne dédaigne pas les mondanités et la compagnie de l'intelligentsia parisienne, le couple vit plutôt simplement au quotidien. Amateur de bonne chère, le président discute longuement avec le chef cuisinier du palais. Il apprécie aussi les promenades dans le parc, au bras de son épouse, ainsi que le cinéma : une petite salle de vingt et une places est aménagée dans les sous-sols du palais, sous le jardin d'hiver. Mais ce que Georges Pompidou préfère par-dessus tout, ce sont les escapades en province, loin de cet Élysée où il se sent enfermé. Le couple passe ainsi le dimanche dans sa maison de campagne d'Orvilliers dans les Yvelines, et les séjours plus longs à Cajarc, dans le Quercy, où l'ancien Premier ministre

Le bureau présidentiel en 1974.

de de Gaulle avait transformé une ancienne ferme en une plaisante résidence secondaire.

Petit à petit d'ailleurs, Georges Pompidou devait même délaisser l'Élysée au profit de son appartement personnel du quai de Béthune… mais pour les pires raisons possibles. Bien que le chef de l'État ne lâche pas un mot sur son état de santé, les Français constatent tous, à partir de 1973, que son visage boursoufle et qu'il semble de plus en plus faible. Avec dignité et courage, le président lutte depuis le début de son mandat contre la maladie de Waldenström, une forme rare de cancer du sang. Et s'il préfère dormir dans son appartement du quai de Béthune, c'est avant tout pour y recevoir les soins médicalisés constants qu'exige son état, de façon bien plus discrète qu'à l'Élysée. Malgré les rumeurs le concernant, la communication de l'Élysée se veut rassurante : on évoque de simples grippes et des lésions bénignes. Le mercredi 27 mars 1974, le président semble plus exténué que jamais, mais il dirige le Conseil des ministres tel qu'à son habitude. Par le ton qu'il emploie toutefois, ainsi que par l'importance des sujets abordés, l'exercice sonne comme un véritable testament. À la fin de la séance, Georges Pompidou annonce à ses ministres qu'il passe par des moments difficiles et que sa santé lui impose d'aller se reposer quelques semaines à Cajarc. Cinq jours plus tard, le soir du 2 avril, les Français apprennent la mort du président, décédé dans son appartement du quai de Béthune. Comme il se plaisait à le dire, Georges Pompidou « ne travaillait pas pour lui-même, mais pour ses successeurs ».

En trois ans et demi – le général de Gaulle était mort le 9 novembre 1970 –, le pays venait de perdre deux des plus illustres locataires du 55, rue du Faubourg-Saint-Honoré. Mais la France, elle, était lancée : forte d'un régime démocratique stable et équilibré, elle était en train de réussir sa transition vers la modernité, à l'image d'un Élysée entré, enfin dans le XXe siècle.

L'histoire secrète

UNE ANNEXE DE LUXE, L'HÔTEL DE MARIGNY

Alors que Madame de Pompadour réaménage l'Élysée, plusieurs petits hôtels particuliers s'implantent dans le voisinage. Du côté ouest, ils s'organisent bientôt autour d'une nouvelle avenue, percée sous la direction d'Abel de Marigny, le frère de la favorite, qui agissait en tant que directeur général des Bâtiments du roi : c'est la naissance de l'avenue de Marigny. En 1869, le baron Gustave de Rothschild rachète l'un des hôtels longeant l'avenue, ainsi qu'un autre situé en vis-à-vis du côté de la rue du Cirque, pour les fusionner en un seul : ainsi naît l'hôtel de Marigny, édifié dans un style néo-XVIIIe siècle. Un siècle durant, l'hôtel abritera les riches collections d'art de la famille Rothschild. En 1972, Georges Pompidou fait racheter l'hôtel par l'État, dans un but bien précis : en faire le lieu d'hébergement des chefs d'État étrangers lors de leurs visites officielles en France. En effet, depuis que le général de Gaulle avait fait réaménager l'étage de l'Élysée en bureaux, les invités de marque de la République étaient « relégués » au Grand Trianon du château de Versailles, une résidence certes prestigieuse, mais bien éloignée du palais du président. Avec l'hôtel de Marigny, immédiatement voisin de l'Élysée, Georges Pompidou garderait ses hôtes sous la main. Ainsi la demeure vit-elle défiler, durant trente-cinq ans, tout ce que la planète compte comme chefs d'État, de l'empereur du Japon à Fidel Castro, en passant par Boris Eltsine ou la reine Élisabeth II. Tous, jusqu'aux moins recommandables… En 1978 par exemple, le palais accueille le président roumain Ceausescu, qui ne repartira pas les mains vides : après son départ, on constate que des éléments de mobilier, des tableaux et même des robinets en or ont été volés, pour un total de plusieurs millions de francs ! Mais la visite la plus controversée fut certainement celle de Mouammar Kadhafi, le dictateur libyen, qui dédaigne l'hospitalité des bâtiments et dresse sa tente dans

L’entrée de de l’hôtel de Marigny.

les jardins de l’hôtel. Cette visite sulfureuse précipita d’ailleurs la chute de Marigny, qui n’est plus utilisé depuis que comme une simple annexe de l’Élysée, la plupart des chefs d’État étrangers résidant désormais dans les palaces parisiens, ou bien tout simplement à leur ambassade.

L'Élysée bureau d'État

La modernité, le nouveau président ne laisse pas de s'en réclamer. Élu le 19 mai 1974, Valéry Giscard d'Estaing est un homme encore jeune : quarante-huit ans seulement, ce qui en fait le plus jeune président de la République depuis Louis-Napoléon Bonaparte. Au cours de l'élection, il avait su évincer son rival gaulliste Jacques Chaban-Delmas et coiffer au poteau François Mitterrand grâce à une campagne d'une nature originale, inspirée de celles des politiciens américains, avec tee-shirts et autocollants marqués de son slogan, « Giscard à la barre ».

Désormais effectivement au poste de timonier du pays, Valéry Giscard d'Estaing affirme vouloir être un président moderne, porteur d'un style différent. Sous Pompidou déjà, il avait surpris dans son rôle de ministre des Finances en renonçant parfois au costume pour se contenter d'un simple col roulé, et en s'affichant joueur d'accordéon. Une fois à l'Élysée pourtant, l'un des premiers gestes de Valéry Giscard d'Estaing sera de démonter le superbe décor futuriste des quelques pièces transformées par les Pompidou pour le remiser au château de Pierrefonds, où l'on ne manque pas de place.

Le salon présidentiel. Photo datée de 1997.

S'il n'est guère sensible à l'art contemporain, Valéry Giscard d'Estaing n'en contribue pas moins à dépoussiérer la figure présidentielle, quand bien même cette attitude semble souvent plus recherchée que naturelle. Il est ainsi le premier président à arriver à l'Élysée à pied pour la cérémonie de passation de pouvoir. Il renonce également à l'apparat de la photographie officielle, traditionnellement réalisée en intérieur et en uniforme d'honneur, avec collier de la Légion d'honneur autour du cou. Un complet veston fera l'affaire, tandis qu'à l'arrière-plan, un drapeau tricolore battant au vent évoque – avec une subtilité toute relative ! – le souffle du mouvement. Le personnel du palais a également été réduit, en particulier les aides de camp, chargés d'assister des huissiers déjà nombreux. Le protocole, hérité d'un autre âge, est aussi simplifié. Mais le changement le plus important concerne le président lui-même, qui ne dort pas à l'Elysée mais à son propre domicile. Si l'on excepte des absences ponctuelles, c'était la première fois que le chef de l'Etat français ne couchait pas chaque jour à l'Élysée depuis Adolphe Thiers… lequel, on se le rappelle, aurait tant voulu y séjourner à demeure !

Plutôt que de rester paisiblement « prisonnier » de l'Élysée, comme bon nombre de ses prédécesseurs, Valéry Giscard d'Estaing préfère s'afficher partout – et l'on oserait presque dire n'importe où – pour mieux désacraliser la fonction présidentielle : le soir, on l'aperçoit au restaurant ou au cinéma, où il se rend au volant de sa Peugeot 504. Le chef de l'État veut se montrer proche des Français et accessible, peut-être pour masquer une certaine réserve altière. Un jour, il invite même quatre éboueurs travaillant dans le quartier de l'Élysée à partager son petit déjeuner. Pour rétablir le lien avec ses concitoyens, Valéry Giscard d'Estaing veut aller encore plus loin : il souhaite s'attabler chez de simples citoyens. L'idée est lancée par le président à la fin de l'année 1974 et semble rencontrer un franc succès : le mois suivant, l'Élysée reçoit pas moins de mille cinq cents lettres d'invitation. Et de fait, avec sa femme Anne-Aymone, Valéry Giscard d'Estaing partage un certain nombre de dîners avec des familles de toutes les régions. Opération de communication, certes, mais aussi sincère souci de « regarder la France au fond des yeux ».

S'il n'y dort qu'occasionnellement – lorsqu'une actualité ardente exige sa présence –, l'Élysée n'est pas délaissé par Valéry Giscard d'Estaing. Le président souhaite créer un lieu sûr pour abriter les outils de déclenchement de l'arme nucléaire, jusqu'ici rangés au rez-de-chaussée du palais dans une simple armoire métallique. En 1978, le bunker anti-aérien créé par Albert Lebrun est donc transformé pour accueillir le poste de commandement « Jupiter ». Comprenant plusieurs bureaux, une salle de réunion, et bien sûr le système de déclenchement de la force de dissuasion nucléaire, ce poste de contrôle est prévu

Valéry Giscard d'Estaing au coin du feu à l'Élysée.
Photo datée du 25 mai 1975.

pour permettre au président de rester en contact avec les instances militaires françaises et avec les gouvernements étrangers, et ce, quelle que soit la situation. En outre, comme il s'invite chez les Français, Valéry Giscard d'Estaing estime qu'il serait bienvenu de leur rendre la pareille en les conviant à leur tour à l'Élysée. C'est donc sur son ordre que le palais ouvre pour la première fois depuis bien longtemps ses portes au public, le 14 juillet 1977. Mais l'événement est victime de son succès : en seulement trois heures, pas moins de dix mille personnes défilent dans les salons du rez-de-chaussée ! Ingérable pour

Dans le salon doré de l'Élysée, Valéry Giscard d'Estaing regarde le portrait du général de Gaulle, œuvre du peintre Chapelain-Midy, le 5 novembre 1980.

les services de sécurité, l'expérience ne sera pas reconduite. Qu'à cela ne tienne, le président moderne n'est jamais à court d'idées : l'année suivante, il crée la garden-party de l'Élysée, une fête organisée dans les jardins à l'issue du défilé du 14 Juillet, renouant ainsi avec les réceptions champêtres organisées, on s'en souvient, par Madame de Pompadour. Événement très apprécié, ces réjouissances qui deviendront une tradition ne seront supprimées qu'en 2010, par souci d'économie.

Candidat à sa propre succession et favori des sondages, Valéry Giscard d'Estaing est défait par François Mitterrand le

10 mai 1981. Neuf jours plus tard, l'Élysée allait être le théâtre où serait prononcée l'une des phrases les plus mythiques de l'histoire politique française : au terme d'une allocution télévisée retransmise en direct, le président désavoué lance deux mots restés célèbres : « Au revoir », avant de quitter le cadre d'une manière qu'on imagine improvisée, laissant les Français face à une pièce vide baignée d'un silence mortel. De tels instants tragi-comiques, l'Élysée en aura connu bien peu.

Porteuse d'espoir pour les uns, d'une certaine inquiétude pour les autres, l'élection de François Mitterrand – premier président socialiste de la Ve République – est perçue par tous comme un changement majeur dans l'histoire de notre pays. Pour l'Élysée toutefois, le bouleversement ne fut pas si brutal, car tout comme son prédécesseur, François Mitterrand dédaigne l'hospitalité du palais, qui ne sera jamais plus que son lieu de travail. Il n'y déjeune même pas le midi, et ne revient y traiter ses dossiers qu'après une longue promenade digestive dans les rues de Paris. Pour le reste, François Mitterrand préfère son appartement de la rue de Bièvre, dans le Ve arrondissement – et sa bergerie de Latche, dans les Landes, pour les vacances. Il faut dire qu'à l'Élysée, tout se sait. Or, tout au contraire de son prédécesseur qui s'efforçait de s'afficher partout, celui que l'on surnomme le Sphinx est certainement le plus mystérieux et le plus inaccessible des locataires du palais. Un homme à secrets. Parmi les mieux gardés à cette époque, celui de sa fille cachée, issue d'une longue relation extraconjugale avec Anne Pingeot. La petite Mazarine – un prénom en hommage à Mazarin, que François Mitterrand admirait – est âgée de sept ans lors de l'élection de son père à la présidence, et à cette date, tout le monde ignore son existence.

Tout le monde, ou presque. Dès 1982, le journaliste Jean-Edern Hallier découvre l'affaire et menace de révéler à tous cet immense secret. Cette affaire assez banale va se trouver à l'origine de l'un des scandales les plus célèbres de l'histoire de

François Mitterrand lors d'un discours à l'Élysée,
le 21 novembre 1985.

l'Élysée. Désirant protéger l'anonymat de sa fille le plus longtemps possible, et éviter un retentissement qui pourrait le fragiliser, François Mitterrand demande à mettre le journaliste sur écoute. Durant trois ans, ce sont les conversations téléphoniques de plus de mille cinq cents personnes qui ont été la cible d'indiscrétions, dont cent cinquante en permanence. Mais s'il a été créé à des fins inavouables, le service d'écoute a aussi été utilisé pour d'autres motifs : alors que l'attentat de la rue des Rosiers est encore dans toutes les mémoires, les machines de l'Élysée sont mises à disposition des cellules antiterroristes, pour lesquelles a été réalisée une grande partie des enregistrements. Les écoutes (dont seule une infime partie concernait l'intérêt et la sécurité nationaux) cessent en 1986, et ce n'est qu'à l'hiver 1992-1993,

Le premier Conseil des ministres de la cohabitation se tient le 22 mars 1986 dans le salon Murat, dans un contexte tendu. On y retrouve notamment Jacques Chirac (cinquième en partant vers la droite).

alors que Mitterrand poursuit son second mandat, que l'affaire est révélée par la presse. *Le Canard enchaîné* titre alors : « Les grands travaux du président : l'Élysée branché sur le tout à l'écoute » ! Mais lorsqu'on l'interroge, François Mitterrand nie avec une telle fermeté et une telle conviction qu'il sème le doute. Le procès de l'affaire ne s'ouvrira finalement qu'en 2004.

Au cours du premier mandat de François Mitterrand, les nationalisations et les grandes réformes juridiques – à commencer par la remise au rebut de la guillotine, que certains anciens occupants de l'Élysée ont manqué de connaître de peu – ont rapidement dû laisser la place au « tournant de la rigueur ». Et en 1986, suite aux élections législatives perdues par la gauche, il faut même consentir à une cohabitation,

la première de l'histoire de la Ve République, dont l'Élysée sera le témoin privilégié. D'emblée, François Mitterrand respecte le choix des Français et ne tente ni de dissoudre l'Assemblée fraîchement élue ni de nommer un Premier ministre de son bord comme le lui permet la Constitution : il confie ce poste à son principal adversaire, Jacques Chirac. Les murs du salon Murat, qui accueille le tout premier Conseil des ministres de la cohabitation, n'ont assurément jamais connu une ambiance pour le moins tendue. Le président n'a eu son mot à dire que pour quelques portefeuilles régaliens (Défense, Justice et Affaires étrangères), mais Jacques Chirac lui impose les quarante-deux autres ministres et secrétaires d'État du nouveau gouvernement. Le Sphinx reste impassible ; il sait que l'exercice du pouvoir ne pourra qu'user la popularité de son adversaire. Sa stratégie fonctionne à merveille : en 1988, après un duel télévisé mémorable

François Mitterrand écoute les explications de la conservatrice du musée d'Orsay Anne Pingeot, lors de l'inauguration du musée, le 1er décembre 1986.

contre – il se plaît d'ailleurs à le rappeler – son propre Premier ministre, François Mitterrand est réélu pour un second mandat. Et une fois encore, cinq ans après son élection, il lui faudra cohabiter avec la droite, cette fois représentée par Édouard Balladur. Une chaude ambiance régnera à nouveau dans le salon Murat, qui de toute façon en a connu d'autres…

Au cours de ses deux mandats, François Mitterrand a tout le temps de mener à bien sa politique de grands travaux, qui donnent à Paris un visage nouveau sans omettre le renouvellement des plus grandes institutions culturelles. C'est l'heure de l'inauguration du musée d'Orsay – un projet lancé par son prédécesseur – mais aussi de la création de l'arche de la Défense, de l'Opéra Bastille, de la nouvelle et immense Bibliothèque nationale de France, et enfin de la transformation du Louvre, qui devient alors le plus vaste musée du monde, et dont la pyramide qui nous paraît aujourd'hui si familière fit controverse. Mais à l'Élysée, curieusement, le président bâtisseur reste en retrait. Point de bouleversement, et même un retour à la tradition pour ce qui est de l'emplacement du bureau présidentiel, qui retrouve le Salon doré, alors que Valéry Giscard d'Estaing avait préféré le salon d'angle, d'ordinaire réservé aux collaborateurs. Une pointe de modernité, toutefois : François Mitterrand fait à nouveau appel au designer Pierre Paulin pour changer le mobilier de quelques pièces, dont le bureau, pour lequel sont créés des meubles modernes et élégants, gris avec liseré d'aluminium rouge. En 1984, il fait en outre ajouter une grande sculpture de l'artiste Arman dans le vestibule d'honneur du palais. Intitulée *Hommage à la Révolution française* et toujours en place aujourd'hui, l'œuvre représente deux cents drapeaux de marbre blanc à hampe en bronze doré.

Durant le deuxième septennat du président, l'Élysée est aussi témoin de la dernière romance de la vie de François Mitterrand, avec Claire, une jeune femme de cinquante ans sa cadette, mili-

Le 26 mai 1983, Valéry Giscard d'Estaing
est reçu par François Mitterrand à l'Élysée.

tante socialiste et étudiante en droit, éperdument amoureuse. Quand il ne se rend pas chez elle, le chef de l'État fait venir sa maîtresse dans la bibliothèque du palais. À la même époque, un hôte plus assidu encore de la résidence présidentielle n'est autre que Baltique, une chienne labrador noire à laquelle Mitterrand est profondément attaché. Au point qu'à l'automne 1993, lorsque l'animal fait une fugue et disparaît durant un mois, la vie semble s'arrêter à l'Élysée, le maître des lieux étant affligé de cette perte.

Quelques mois plus tard, le palais devait être le théâtre d'un événement bien plus dramatique : le suicide de François de Grossouvre, fidèle collaborateur de Mitterrand durant ses premières années à l'Élysée, où il est chargé de missions sensibles touchant aux affaires internationales. Mais les relations entre les deux hommes – à propos desquelles certains ont pu avoir des doutes quant à leur nature – s'étaient dégradées. Malgré cet éloignement, l'homme de l'ombre conservait son bureau et continuait de recevoir des visiteurs importants, alors même qu'il ne cessait de critiquer et dénigrer le président. Le 7 avril 1994, François de Grossouvre est retrouvé mort dans son bureau de l'Élysée, un revolver 357 Magnum encore fumant à la main. C'était la première fois qu'un collaborateur du président mettait fin à sa vie dans l'enceinte du palais. En raison de la tension qui existait avec François Mitterrand – et du précédent constitué par le mystérieux suicide de Pierre Bérégovoy –, l'hypothèse d'un assassinat déguisé est même lancée par quelques-uns. En

Le vestibule d'honneur avec l'escalier Murat, conçu pour Joachim Murat. La sculpture *Hommage à la Révolution française* d'Arman a été ajoutée en 1984. Le lustre de cristal et de bronze est l'œuvre de la manufacture royale de Montcenis, d'après un dessin des frères Chagot.

Une autre vue du Salon Pompadour.

tout cas, la présence de François Mitterrand aux obsèques du défunt, contre le souhait de la famille, fait polémique. Quelques mois plus tard, la presse révélait au grand public l'existence de Mazarine Pingeot et la seconde vie cachée du premier des Français.

La fin de bail de François Mitterrand s'achève donc dans les tourments, alors même que son état de santé fait aussi l'objet de vives inquiétudes. Depuis 1981, le président souffre d'un cancer de la prostate, qu'il avait évidemment caché. Sa maladie n'est révélée au grand jour qu'au moment d'une hospitalisation au Val-de-Grâce, en septembre 1992. Déjà très affaibli à la fin de son mandat, il mourra seulement quelques mois après avoir transmis ses pouvoirs à son vieil adversaire, Jacques Chirac, avec qui les rapports semblent désormais apaisés. Lors de ses derniers vœux aux Français, le 31 décembre 1994, se sachant probablement condamné, il se livrait ainsi à ses compatriotes : « L'an prochain, ce sera mon successeur qui vous exprimera ses vœux. Là où je serai, je l'écouterai, le cœur plein de reconnaissance pour le peuple français qui m'aura si longtemps confié son destin, et plein d'espoir en vous. Je crois aux forces de l'esprit, et je ne vous quitterai pas. » Il est donc une chose que le locataire le plus secret de l'Élysée n'aura pas cachée : son amour aux Français.

L'histoire secrète

UN PALACE CANIN

Si l'Élysée a hébergé au long de son histoire de drôles d'énergumènes, il a accueilli, de manière quasi traditionnelle durant la Ve République, bien des locataires d'un type particulier. À plumes, à écailles, mais surtout à quatre pattes : car tous les présidents ou presque ont vécu au palais avec des chiens, ravis de profiter des 15 000 mètres carrés de jardins. Le général de Gaulle s'était vu offrir un corgi – ces chiens courts sur pattes qu'affectionne la reine Élisabeth II – par l'épouse du Premier ministre britannique. Baptisé Rasemotte (!), il ne fréquentait toutefois guère le palais présidentiel et restait au domaine de la Boisserie, à Colombey-les-Deux-Églises. Georges Pompidou, en revanche, n'hésita pas à garder avec lui son fidèle labrador, Jupiter. Valéry Giscard d'Estaing, lui, aimait à se montrer en train de jouer dans les jardins avec Jugurtha et Samba, un braque de Weimar et un labrador. Mais le toutou le plus emblématique de l'Élysée reste sans nul doute Baltique, la chienne labrador noire de François Mitterrand, avec laquelle le président entretenait une relation fusionnelle. Le chanteur Renaud lui consacra même une chanson, ému d'avoir vu le fidèle animal patienter dignement sur le perron de l'église lors des obsèques de son maître. Aujourd'hui, Baltique a même une statue à son effigie à Soustons, dans les Landes, où se trouvait le domaine de Latche. Jacques Chirac ne dérogea pas à la tradition en emménageant à l'Élysée accompagné de son fidèle Maskou, qui, à sa mort en 1998, fut enterré – une première – dans les jardins du palais. Le brave labrador fut remplacé par Sumo, un adorable bichon maltais, dont le nom rappelait évidemment la passion de Jacques Chirac pour ce sport de lutte japonais. La pauvre bête a d'ailleurs mal supporté de devoir quitter l'Élysée en 2007 : privée de son immense jardin, elle devint agressive et mordit un jour au ventre l'ancien président. Nicolas Sarkozy et Carla Bruni, quant à eux, n'entretenaient pas moins de trois chiens à l'Élysée : l'éternel labrador bien sûr, mais aussi un terrier et un chihuahua. Un jour, les charmants toutous ont mâchouillé le vénérable mobilier du

Valéry Giscard d'Estaing jouant avec ses deux chiens
dans le jardin de l'Élysée, après son investiture.

salon d'Argent, qui dut être rénové pour une somme qui fit grincer des dents. Pour se faire les dents, justement, il valait bien mieux utiliser le petit jouet offert par Michel Rocard à la chienne de François Mitterrand, un joujou à l'effigie… de Margaret Thatcher ! Dernièrement Némo, le chien noir d'Emmanuel Macron, est vite devenu la mascotte de l'Élysée, en partie grâce à un épisode on ne peut plus… cocasse. Le labrador-griffon a en effet été filmé lors d'une réunion, en train de lever la patte sur une magnifique cheminée d'un salon de l'Élysée… sans dommage pour le décor historique – heureusement ! –, mais provoquant l'hilarité de l'assemblée !

Un art de vivre à la française

En 1995, le nouvel arrivé à l'Élysée est un familier des lieux : il fréquentait déjà le palais du temps du général de Gaulle ! Depuis 1967, Jacques Chirac avait en effet participé au Conseil des ministres successivement en tant que secrétaire d'État aux Affaires sociales, secrétaire d'État à l'Économie et aux Finances, ministre chargé des relations avec le Parlement, ministre de l'Agriculture, ministre de l'Intérieur, Premier ministre de Valéry Giscard d'Estaing, et enfin Premier ministre de François Mitterrand !

À soixante-trois ans, enfin, il pénétrait à l'Élysée en tant que chef de l'État. Et d'emblée, tout au contraire de ses deux prédécesseurs qui dédaignaient l'hospitalité du palais, Jacques Chirac se sent à l'Élysée comme chez lui. Avec son épouse Bernadette, il s'installe dans les appartements du second étage, réaménagés gracieusement par l'architecte Alberto Pinto pour l'occasion et qui n'avaient jamais été utilisés auparavant comme logement présidentiel… si l'on excepte bien sûr le petit Louis-Napoléon Bonaparte, qui y avait habité plus de trente-cinq ans avant d'accéder à la plus haute fonction élective !

L'Élysée est en évolution constante. Le jardin d'hiver bénéficie ainsi d'une nouvelle décoration depuis 2021 : une installation temporaire du nom de *Pavoisé*, œuvre de l'artiste Daniel Buren.

Avant de quitter son poste, François Mitterrand avait eu la délicatesse de remettre en place, pour son successeur, le superbe bureau Louis XV introduit par de Gaulle. Autour de ce bureau, Jacques Chirac impose un nouveau style, fondé sur un travail acharné, du matin au soir, week-ends compris. Le samedi et le dimanche sont les meilleurs jours pour travailler, affirme-t-il, car on est moins dérangé ! Pour les collaborateurs, l'enjeu est de suivre ce rythme besogneux, dont l'essentiel se fait en équipe autour de la personne présidentielle, dans une ambiance certes studieuse, mais aussi franche et en faisait parfois fi du protocole. Car si son prédécesseur semblait inaccessible et cultivait volontiers son propre mystère, Jacques Chirac, lui, respire le naturel. De l'avis de tous ceux qui l'ont côtoyé, le Corrézien est chaleureux, bon vivant, d'abord facile, tout particulièrement avec les agents de l'Élysée. Soucieux de ceux qui travaillent à son service, il les salue toujours d'une parole amicale, d'un sourire, ou d'une solide poignée de main, en accordant une égale déférence à ses plus proches conseillers qu'au moindre membre du personnel d'entretien. Huissiers, jardiniers, argentiers, cuisiniers, agents de sécurité… Jacques Chirac donne l'impression – peut-être n'en était-ce pas une ? – de connaître chacune des huit cents âmes qui œuvrent à l'Élysée ! Lors des fêtes de fin d'année, au moment des vœux adressés aux employés du palais, le président passe des heures entières à se faire photographier avec chacun de ses invités, sans oublier un remerciement ou un bon mot, sans jamais montrer la moindre lassitude. Mais bien sûr, de tous les membres du personnel, il en est un auquel le Corrézien accorde une attention toute particulière : le chef des cuisines ! Plus qu'aucun autre avant lui, Jacques Chirac apprécie la bonne chère et fait montre d'un appétit réjouissant, doublé d'un véritable amour pour les spécialités traditionnelles et les produits du terroir – dont il profitait avec tant de jubilation au salon de l'Agriculture. Bref, au contraire d'un Valéry Giscard

Le 17 mai 1995, Jacques Chirac assiste au départ de François Mitterrand devant l'Élysée, après la passation de pouvoir entre les deux hommes politiques.

Jacques et Bernadette Chirac distribuent des cadeaux
lors du Noël de l'Élysée, une action caritative perpétuée depuis 1889.

d'Estaing qui s'efforçait maladroitement de se montrer proche des Français, Chirac est naturellement accessible et chaleureux.

Contrastant quelque peu avec ce mari affable, Bernadette Chirac apporte une touche de rigueur et de respectabilité supplémentaire à l'Élysée. Non contente d'être l'une des rares épouses de président à avoir exercé un mandat électif – en tant que conseillère générale de la Corrèze –, elle est également célèbre pour son implication auprès d'œuvres caritatives ou d'utilité publique. L'opération Pièces jaunes évidemment, qui devient grâce à elle une cause populaire au profit des enfants malades, mais aussi le Centre international pour enfants disparus et sexuellement exploités, pour lequel une réunion est organisée à l'Élysée en 2007, en présence de la reine des Belges Paola, de la reine Silvia de Suède, et des Premières dames américaine, russe et égyptienne. La même année, Bernadette Chirac deviendra aussi la présidente de la fondation Claude-Pompidou – dont elle fut l'amie – qui vient en aide aux personnes âgées, hospitalisées ou handicapées. À l'Élysée, la Première dame est une maîtresse de maison redoutable. Dans la grande lignée des Michelle Auriol et Yvonne de Gaulle, elle veille aux moindres rouages de la mécanique élyséenne, particulièrement en cas de grandes réceptions officielles. Le jardin a aussi toutes ses attentions, et elle souhaite qu'il soit bien fleuri, tout comme les intérieurs du palais. Et puisque les comptes de l'Élysée ne sont pas encore rendus publics, on ne regarde pas à la dépense : le budget fleurs annuel s'élèvera ainsi à… presque un demi-million d'euros ! Enfin, Bernadette Chirac surveille son mari, que

Serre du parc abritant des espèces rares d'orchidées.

l'on dit volontiers sensible aux charmes de la gent féminine… mais comme se plaît à le rappeler le président lui-même, « ce n'est pas parce que les chiens courent après les voitures qu'ils ont envie de les conduire ! »

La présidence de Jacques Chirac appartient à une histoire trop récente pour qu'on se permette d'en rappeler en détail le contenu, mais sous son mandat, l'Élysée a été le témoin privilégié d'événements qui sont encore dans la mémoire de chaque Français : sa longue cohabitation avec Lionel Jospin, sa réélection face à Jean-Marie Le Pen en 2002, ou son opposition à la guerre en Irak l'année suivante… Une histoire immédiate qui s'écrit au sein des murs séculaires.

Le palais de l'Élysée lors des Journées européennes du patrimoine 2020. On trouve notamment dans cette pièce plusieurs meubles contemporains, témoignages de la complicité entre Brigitte Macron et Hervé Lemoine, directeur du mobilier national.

Le président Nicolas Sarkozy et son épouse Carla saluent le pape Benoît XVI tandis que ce dernier quitte la cour de l'Élysée.

Chacun l'aura remarqué, nous vivons dans un monde qui n'a de cesse de s'accélérer. Et depuis l'instauration du quinquennat, l'histoire de l'Élysée, racontée à l'aune de ses locataires, suit le même mouvement. Nicolas Sarkozy, François Hollande et Emmanuel Macron ont vécu chacun l'Élysée à leur façon. D'ailleurs, tous ne l'habitèrent pas en permanence. Nicolas Sarkozy y vécut au début de son mandat, mais il décida ensuite de dormir dans l'hôtel particulier de son épouse Carla Bruni, et de ne profiter de l'hospitalité de l'Élysée que pour des week-ends en famille. François Hollande, lui, n'aura consenti à y habiter qu'au bout de deux ans, fatigué des allers-retours qu'il effectuait quotidiennement avec son domicile dans le XVe arrondissement et des problèmes de sécurité liés à ces trajets incessants. Paradoxalement, c'est le plus jeune de nos présidents, Emmanuel Macron, qui rétablit la tradition de loger à l'Élysée en permanence. En outre, chaque occupant a son propre style : omniprésent pour Nicolas Sarkozy, « normal » (et quelque peu gaffeur) pour François Hollande, hyperactif pour Emmanuel Macron, qui pratique la boxe dans les sous-sols de l'Élysée. Nicolas Sarkozy fait son jogging dans les allées du parc où, jadis, Jules Grévy peinait à distancer ses canards… Gourmand, François

François Hollande devant l'Élysée, lors d'une visite officielle du duc et de la duchesse de Cambridge, le prince William et son épouse Catherine.

Hollande souffre d'être constamment privé de son plat préféré, l'entrecôte-frites, bien trop rustique pour les cuisiniers de haute volée de l'Élysée, dont Guillaume Gomez, chef de 1997 à 2021. Nicolas Sarkozy, de son côté, avait fait supprimer le fromage mais ne manquait pas d'offrir des chocolats à ses invités. Quant à Emmanuel Macron, s'il suit un régime bien plus diététique que celui de Jacques Chirac, il est apprécié par les sommeliers du palais pour son amour du bon vin et ses connaissances en œnologie. Chacun a sa façon de travailler. Nicolas Sarkozy est célèbre pour son rythme effréné : repas, réunions, séances de discussions, Conseil des ministres, tout va bien plus vite que sous son prédécesseur ; plus posé, François Hollande préfère le comité réduit, épaulé seulement par un ou deux collaborateurs ; quant à Emmanuel Macron, il privilégie au contraire le travail en équipe. À chacun ses épreuves, enfin : crise économique et financière pour l'un, attentats islamistes pour l'autre, gilets jaunes et pandémie pour l'actuel… Autant de défis surmontés grâce à l'écrin offert par l'Élysée.

Signe des temps, les derniers présidents ont une vie sentimentale plus agitée que leurs prédécesseurs. Nicolas Sarkozy et sa femme Cécilia avaient tous deux déjà divorcé au moment de leur arrivée à l'Élysée, tout comme Brigitte Macron, tandis que François Hollande était séparé de la mère de ses enfants. Nicolas

Sarkozy allait d'ailleurs divorcer à nouveau cinq mois seulement après son investiture. C'était la première fois qu'un président se séparait officiellement durant l'exercice de son mandat, et le premier divorce d'un locataire de l'Élysée depuis celui de Napoléon ! François Hollande devait aussi se séparer de sa compagne Valérie Trierweiler, pour convoler avec l'actrice Julie Gayet. Mais ces imprévus sentimentaux sont également à l'origine d'événements heureux, comme le mariage de Nicolas Sarkozy avec Carla Bruni, qui fut célébré le 2 février 2008 dans le salon Vert. C'était les premières noces présidentielles depuis celles de « Gastounet », qui avaient eu lieu dans la même pièce. Quoi qu'il en soit, la fonction de la Première dame reste aujourd'hui encore essentielle, non seulement pour l'image qu'elle contribue à donner de la France, mais aussi pour son investissement en faveur d'œuvres caritatives ou d'utilité commune. Souvent considérée comme un dernier recours, la Première dame doit répondre à des centaines de lettres et sollicitations par semaine.

Emmanuel et Brigitte Macron devant l'Élysée, en 2019.

À ce titre Brigitte Macron, qui forme avec son mari un couple fusionnel, est sans aucun doute la digne héritière des Germaine Coty, Claude Pompidou ou Bernadette Chirac. Et qui sait si, dans un avenir proche ou lointain, le rôle de la Première dame ne sera pas tenu par un homme, un « Premier monsieur de France », qui assisterait sa compagne ou son compagnon dans l'exercice du pouvoir !

Insensible à ces changements, le palais de l'Élysée demeure, comme un symbole apparemment immuable de la stabilité des institutions républicaines de notre pays. Et pour perpétuer la tra-

Une réception à l'Élysée, sous la présidence de François Hollande. Ce dernier prononce un discours à l'attention du président italien et d'autres invités.

dition et donner vie à cette merveilleuse demeure au service de l'État, c'est une équipe de près de huit cents personnes qui veille quotidiennement au bon fonctionnement du Château, dans une organisation sans faille. Soldats de la Garde républicaine bien sûr, mais aussi huissiers, agents de la logistique, responsables du protocole, cuisiniers, pâtissiers, serveurs, plongeurs, argentiers, sommeliers, fleuristes, jardiniers, lingères, horlogers, ferronniers d'art, couturières, électriciens, mécaniciens automobiles, rédacteurs de correspondance… n'en jetez plus ! À l'Élysée, tous les corps de métiers sont représentés. Et pour tous, le mot

Le salon doré jadis occupé par Napoléon III et Eugénie, accueille de nos jours le bureau du président de la République.

d'ordre est le même : la perfection. Tout particulièrement lors des grandes réceptions officielles organisées en l'honneur de chefs d'États ou de souverains étrangers, où la France se doit d'afficher son excellence dans tous les domaines. Tout comme à Versailles en son temps, il s'agit d'impressionner les invités. Car bien qu'onéreuses, ces réceptions sont depuis toujours un outil essentiel et redoutablement efficace de notre diplomatie. Et si l'art de vivre à la française est encore tant admiré aujourd'hui à l'international, c'est bien grâce à l'ensemble du personnel de l'Élysée. Plus encore que les présidents qui l'habitent, ce sont donc ces femmes et ces hommes qui font du palais ce qu'il est aujourd'hui : le garant du bon fonctionnement de nos institutions, la vitrine de l'art de vivre à la française, et le témoin d'une histoire incroyablement riche.

Cette histoire, c'est celle de la France, de la monarchie, de la Révolution, de l'Empire, de la République. Celle de la fantasque Bathilde d'Orléans, démocrate au temps de la royauté, et de l'ambitieux Louis-Napoléon Bonaparte, empereur au temps de la République. Celle des hommes de guerre tels Joachim Murat ou Napoléon, et celle des artisans de la paix comme bon nombre de nos présidents. Celle des amis de la culture et des arts comme Nicolas Beaujon ou François Mitterrand. Celle des grands hommes d'État bien sûr, mais aussi celle des grandes femmes, depuis la fastueuse Madame de Pompadour jusqu'à l'adorable Germaine Coty, en passant par la volcanique Caroline Bonaparte ou la douce et aimante duchesse de Berry. Ces destinées qui s'entrechoquent dans un joyeux désordre à l'Élysée sont celles qui ont fait la France et dont nous sommes à la fois les héritiers et les passeurs. Pour que cette belle histoire ne s'arrête jamais.

L'histoire secrète

LES ARTS DE LA TABLE À L'ÉLYSÉE
À LA RECHERCHE DE LA PERFECTION

S'il est un domaine où la France rayonne plus qu'aucune autre nation, c'est bien celui des arts de la table. Et pour continuer d'asseoir sa réputation en la matière, le pays peut compter sur les grandes réceptions officielles de l'Élysée, où tout est mis en œuvre pour que les prestigieux convives en aient pour leurs yeux et pour leurs papilles ! Cela passe par la cuisine bien sûr, élaborée à partir des meilleurs produits par une armada de cuisiniers dirigée par un chef meilleur ouvrier de France. La qualité du service est également primordiale, c'est pourquoi l'on prévoit jusqu'à quatre-vingts serveurs pour une soirée de quelques centaines de couverts ! Les tables elles-mêmes font l'objet d'un soin tout particulier : sur les nappes impeccables entretenues par les lingères se dressent de superbes compositions florales élaborées spécialement par les fleuristes de l'Élysée. Quant aux couverts Odiot et Christofle, ils sont disposés au millimètre près par des argentiers experts en la matière. Et pas question de servir dans n'importe quoi… Pour ses invités, l'Élysée dispose de quelque dix mille couverts en argent massif ou en vermeil doré, auxquels il faut ajouter neuf mille trois cents assiettes, la plupart en porcelaine de Sèvres et dorées à l'or fin, dont les plus anciennes ont été réalisées sous Napoléon III. Enfin, quelque sept mille verres et carafes en cristal Baccarat et Saint-Louis permettront de profiter des meilleurs vins d'une cave riche de quinze mille bouteilles. Et pour que ces pièces conservent toutes un éclat irréprochable, pas question de les passer à la machine. À l'Élysée, toute la vaisselle est faite à la main par des plongeurs qui peuvent être jusqu'à vingt les soirs de grande réception. Sans doute font-ils preuve d'une grande adresse, car les pièces cassées sont rares : trois à quatre par an seulement, pour plus de quatre-vingt-dix mille repas servis ! Et le

Une table dressée à l'Élysée lors des Journées européennes du patrimoine 2021. À cette occasion, le palais ouvre ses portes aux visiteurs qui peuvent alors découvrir ou redécouvrir les coulisses de ce lieu si emblématique.

coût de tout ce faste, me demanderez-vous ? Tout compris, on estime que le repas de chaque convive revient à environ 3 000 euros lors d'une soirée de gala. Mais c'est à ce prix – d'ailleurs entièrement réinjecté dans l'économie puisque tout le personnel et tous les produits sont français – que l'Élysée fait rayonner l'excellence de la France !

Remerciements

Je tiens à remercier les lecteurs et le public qui me suivent avec passion et fidélité depuis tant d'années, mes producteurs Jean-Louis Remilleux et Laurent Menec, ainsi que ma merveilleuse éditrice Lise Boëll, sa fidèle collaboratrice Estelle Cerutti, sans oublier leur équipe éditoriale. Je remercie toutes celles et tous ceux, d'hier et d'aujourd'hui, qui ont à cœur de mettre leur savoir-faire au service du palais de l'élysée et de la présidence de la République. Je salue amicalement le chef Guillaume Gomez, devenu depuis 2021 l'ambassadeur de la gastronomie française, ainsi que ses prédécesseurs Joël Normand et Bernard Vaussion et son successeur Fabrice Desvignes qui font rayonner la cuisine française, mais aussi l'argentier Stéphane Guénaud, dont les tables sont dignes des arts de la table à la française. Hommage également à tous ceux qui servent dans l'ombre du palais, à l'abri des regards, pour honorer la grandeur de la France au quotidien auprès du président de la République et de son épouse, et notamment les maîtres d'hôtel, les huissiers sans oublier les gardes républicains. Merci également à ma chère et dévouée Ségolène Danton sans qui je n'aurais l'énergie d'accomplir tant de choses.

Du même auteur

L'Europe des rois,
Lieu Commun, 1988.

Les Couronnes de l'exil,
Balland, 1990.

La Monarchie dans tous ses états,
Balland, 1992.

Moi, Amélie, dernière reine de Portugal,
Denoël, 1997.

Diana, princesse des cœurs,
Michel Lafon, 1997.

God Save the Queen,
Michel Lafon, 1998.

Rainier de Monaco et les Grimaldi,
L'Archipel, 1999.

Mon royaume à moi,
Albin Michel, 2000.

Diane de France, la princesse rebelle,
Flammarion, 2003.

Un si joli monde,
Flammarion, 2006.

Plus belle sera la vie,
Plon, 2007.

Grace Kelly,
Albin Michel, 2007.

Une vie de chien,
Albin Michel, 2009.

Oubliez-moi,
Flammarion, 2009.

Au cœur de l'Écosse, avec Franck Ferrand,
Flammarion, 2009.

Le Livre Fou… du Roi,
Flammarion/Radio-France, 2010.

Secrets d'Histoire,
Albin Michel, 2010.

Secrets d'Histoire 2,
Albin Michel, 2011.

L'Histoire du mariage princier, catalogue de l'exposition au Musée océanographique de Monaco,
Éditions du Rocher, 2011.

Le Destin d'une Reine,
Albin Michel, 2012.

Secrets d'Histoire 3,
Albin Michel, 2012.

Le Bel Esprit de l'Histoire,
Albin Michel, 2013.

Secrets d'Histoire 4,
Albin Michel, 2013.

Châteaux royaux de France,
Albin Michel, 2013.

Les Pourquoi de l'Histoire,
Albin Michel, 2014.

Secrets d'Histoire 5,
Albin Michel, 2014.

Les Pourquoi de l'Histoire 2,
Albin Michel, 2015.

Secrets d'Histoire 6,
Albin Michel, 2015.

Secrets d'Histoire illustrés,
Albin Michel, 2015.

Le Village préféré des Français,
Albin Michel, 2015.

Les Pourquoi de l'Histoire 3,
Albin Michel, 2016.

Secrets d'Histoire 7,
Albin Michel, 2016.

Mon Luxembourg, un pays à découvrir (photos : Guillaume de Laubier),
Flammarion, 2016.

Piques & répliques de l'Histoire,
Albin Michel, 2017.

Vallée royale de l'Eure, de Chartres à Rouen, avec Alexis Robin,
Sagamédias, 2017.

Secrets d'Histoire. La Renaissance,
Albin Michel, 2017.

Les Pourquoi de l'Histoire 4,
Albin Michel, 2018.

Le Village préféré des Français,
Albin Michel, 2018.

Secrets d'Histoire 8,
Albin Michel, 2018.

Pourquoi sont-ils entrés dans l'Histoire,
Albin Michel, 2019.

Sauvons notre patrimoine,
Plon, 2019.

Secrets d'Histoire 9,
Albin Michel, 2019.

Les records de l'histoire,
Albin Michel, 2020.

Mon cahier de vacances Secrets d'Histoire,
Albin Michel, 2020.

Laissez-vous guider : Le Paris du Moyen Âge, avec Lorànt Deutsch,
Michel Lafon, 2020.

Mon cahier de vacances, Secrets d'Histoire 2,
Albin Michel, 2021.

Un Amour souverain, avec la Grande-Duchesse du Luxembourg,
Albin Michel, 2021.

Laissez-vous guider : Au coeur de la Révolution française, avec Lorànt Deutsch,
Michel Lafon, 2021.

Laissez-vous guider : Sur les pas de Napoléon, avec Lorànt Deutsch,
Michel Lafon, 2021.

Crédits iconographiques

AFP
bertrand bodin / only france / only france via afp 199 ; daniel janin / afp 226 ; derrick ceyrac / afp 240 ; eric feferberg / afp 184 ; francois mori / pool / afp 18 ; gardel bertrand / hemis. fr / hemis.fr / hemis via afp 254 ; intercontinentale / afp 208 (gauche) ; jacopo landi / hans lucas / hans lucas via afp 257 ; lourdel lionel / hemis.fr / hemis.fr / hemis via afp 260 ; ludovic marin / afp 249 ; manuel cohen / manuel cohen via afp 130 ; mattes rené / hemis.fr / hemis.fr / hemis via afp 217 ; michel clement / afp 237, 238-239 ; michel gangne / afp 251 ; philippe wojazer / pool / afp 258-259 ; photo josse / leemage via afp 197 ; pierre guillaud / afp 224-225 ; pierre-jean chalençon / photo12 via afp 129 ; sameer al-doumy / afp 263 ; stephane de sakutin / afp 229 ; stf / afp 221

AKG
30, 43, 45, 66, 72, 77, 84, 88, pp 90-91, 95, 132, 145, 157, 163, 172, 174, 179, 183, 186, 188, 194, 204, 205, 206, 209, 210 alain le toquin / akg-images 33 ; andré held / akg-images 99 ; bernard bonnefon / akg-images 88 ; cda / guillemot / akg-images 222, 230 ; cda / guillot / akg-images 140 ; collection dupondt / akg-images 156 ; de agostini / biblioteca ambrosiana / akg-images 178 ; de agostini / icas94 / akg-images 164 ; de agostini picture lib. / g. dagli orti / akg-images 22, 160 ; de agostini picture lib. / w. buss 15 ; de agostini picture library / akg-images 93, 131 ; erich lessing / akg images 25, 27, 40, 208 (droite) ; fototeca gilardi / akg-images 81 ; heritage images / fine art images / akg-images 44, 98, 103, 136, 192 ; hervé champollion 17 ; hugues vassal / akg-images 244 ; jacques boissay / akg-images 215 ; justin creedy smith / akg-images / arman fernandez / adagp 243 ; justin creedy smith / akg-images / françois x. lalanne / vg bild-kunst 49 ; justin creedy smith / akg-images 47, 50, 57, 96, 101 h et b, 122, 141, 142, 147, 149, 165, 169, 177, 181, 218, 253 ; laurent lecat / akg-images 117 ; marc simon / akg-images 252 ; mondadori portfolio / akg-images 158 ; philippe ledru / akg-images 242 ; science photo library / jean loup charmet / akg-images 83 sotheby's / 24, 128 ; the national gallery, london / akg 65 ; tt news agency / svt / akg-images 195 ; van ham / saša fuis, köln / akg 76, 78 ; visioars / akg-images 120-121, 133 ; wha / world history archive / akg-images 148, 200, 212

BRIDGEMAN
37, 38, 55, 78, 79, 102, 106, 107, 109, 112, 113, 125, 139, 143, 166, 173 agip / bridgeman images 21, 225 ; angelo. all rights reserved 2022 / bridgeman images 32, 58 ; archives charmet / bridgeman images pp 60-61, 126, 128 ; cci / bridgeman images 135 ; fine art images / bridgeman images 26, 69, 105 ; harvard art museums / bridgeman images 31 ; kim young tae. all rights reserved 2022/ bridgeman images 35 ; leonard de selva / bridgeman images 153, 154 ; look and learn / bridgeman images 74, 168 ; look and learn / illustrated papers collection / bridgeman images 190 ; mondadori portfolio / bridgeman images 46 ; npl - dea picture library / bridgeman images 29, 52 ; photo josse / bridgeman images 51, 70-71, 111, 119, 134 ; stefano bianchetti / bridgeman images 63, 150-151, 171 ; tallandier / bridgeman images 144, 223, 244 ; the stapleton collection / bridgeman images 92

GETTYIMAGES
chris jackson 256 ; julien hekimian 255

ROGER-VIOLLET
albert harlingue / roger-viollet 202 ; excelsior - l'equipe / roger-viollet 191 ; roger-viollet / roger-viollet 162

Conception graphique
et réalisation : Graph'M
Photogravure : Point 11
Achevé d'imprimer en Espagne
N° d'édition : P31205/01